Schlösser, Parks und Herrenhäuser in Mecklenburg-Vorpommern

Schlösser, Parks und Herrenhäuser
in Mecklenburg-Vorpommern

Claus-Dieter Steyer

Luftaufnahmen von Dirk Laubner

nicolai

Unser Newsletter und unsere Facebook-Seite informieren Sie über aktuelle Bücher und alle anderen Neuigkeiten unseres Verlags.

www.nicolai-verlag.de

nicolai *Der Hauptstadtverlag*

Lektorat: Bettina Hüllen, Berlin
Herstellung: Christine Noack

Printed in the EU

ISBN 978-3-89479-470-5

INHALT

VORWORT

Schlösser und Herrenhäuser mit ihren Gärten und Parks prägen die Landschaft von Mecklenburg-Vorpommern auf ganz besondere Weise. Kein anderes Bundesland zählt so viele herrschaftliche Anwesen. Jedes der rund 2.000 Schlösser hat seine eigene Geschichte, die von Herzögen, Königinnen, Landadeligen, Großindustriellen oder Gutsbesitzern berichtet, mitunter von Emporkömmlingen, immer auch von Reichtum, Niedergang, Zerstörung, Zweckentfremdung und überraschenden Wendungen. Natürlich ranken sich um alte Gebäude so manche Sagen und Gerüchte, die oft phantasievoll ausgeschmückt werden – sie geben manchmal aber auch Wahres preis und dürfen deswegen in einem solchen Buch nicht unerwähnt bleiben.

In der Fülle der herrschaftlichen Wohnsitze spiegelt sich die stark von Teilung, Machtkämpfen und Erbfolgen bestimmte Geschichte des Landstrichs wider. Mecklenburg und Vorpommern gerieten immer wieder zwischen die Fronten. Das im Süden gelegene Brandenburg und später auch Preußen strebten nach einem Zugang zur Ostsee, und im Norden versuchten die skandinavischen Herrscher, ihren Einfluss auf Mitteleuropa auszuweiten. Viele Schlösser zeugen von den Machtkämpfen. Später führten wechselnde Residenzen an mehreren Orten zur Errichtung stattlicher Bauwerke.

Außerdem gelangten viele Gutsbesitzer oft zu außergewöhnlichem Reichtum, der sich in angemessenen Herrenhäusern ausdrückte. Gerade in ländlichen Regionen war schnell von »Schlössern« die Rede. Kaum ein »Schlossherr« widersprach diesem Kompliment, zumal hinter den Entwürfen häufig namhafte Architekten und Baumeister standen.

Für die meisten Bauten stellte das Kriegsende im Jahr 1945 die größte Zäsur in ihrer langen Geschichte dar. Zwar waren nur wenige Häuser unmittelbar von Kriegsschäden betroffen, aber die Nutzung durch Militärkommandanturen und die Einquartierung von heimatlos gewordenen Flüchtlingen aus dem Osten führten doch zu zahlreichen baulichen Veränderungen und häufig auch zu großen Schäden. Die Eigentümer mussten spätestens ab Herbst 1945 ihren Grund und Boden verlassen. Oft blieben ihnen nur wenige Stunden zum Kofferpacken, wurde in der Sowjetischen Besatzungszone die Bodenreform unter dem verharmlosenden Motto »Junkerland in Bauernhand« doch mit aller Härte und Konsequenz durchgesetzt.

Manche Schlösser, die den neuen Machthabern als »Zeugnis einer reaktionären feudalistischen Epoche« galten, verschwanden sogar ganz oder erhielten ein völlig neues Aussehen. Glücklicherweise verhinderte der Mangel an Arbeitskräften, technischer Ausrüstung und Material oft den schon in den Partei- und Amtsstuben beschlossenen Abriss. Nicht selten blieben die Flüchtlingsfamilien mehrere Jahrzehnte im Schloss wohnen. Zogen sie dann doch aus, folgten andere Nutzer: Kindergarten, Schule, Parteiheim, Internat, Gemeindebüro, Gaststätte, Krankenstation, Ferienheim oder sogar eine Kaserne. Manchmal teilten sich diese »Einrichtungen« aber auch eine gemeinsame Adresse.

Die Wende 1989 und die Wiedervereinigung führten zunächst vielerorts zu einem Leerstand, der dem Vandalismus Tür und Tor öffnete. Doch dann gab es ganz unerwartet eine Fülle positiver Entwicklungen: Kapitalkräftige Investoren nahmen sich der einstigen Schmuckstücke an und eröffneten Hotels und Pensionen. Auch wenn einige Projekte nicht realisiert wurden, kann Mecklenburg-Vorpommern heute als Schlösserland gepriesen werden. Rund 300 Häuser heißen Touristen willkommen – die schönsten stellen wir in diesem Buch vor.

Claus-Dieter Steyer

SCHWERIN UND UMGEBUNG

Schloss Schwerin

Zwerg mit Federhut auf der Dauerbaustelle

Kommt die Rede in Mecklenburg-Vorpommern auf scheinbar unendlich andauernde Bauarbeiten, kann es sich nur um ein Gebäude handeln: das Schweriner Schloss. Schon 1974 startete die Restaurierung einzelner Museumsräume; umfangreiche Bautätigkeiten begannen jedoch erst mit dem Einzug des neuen Landtages 1990 in den historischen Prunkbau. Im Jahre 2014 soll mit dem neuen Innenhof die sogenannte Grundinstandsetzung abgeschlossen sein, die bis dahin weit mehr als 100 Millionen Euro gekostet haben dürfte. Dann kommen weitere historische Museumsinnenräume an die Reihe. »Der ständige Bauunterhalt aber bleibt eine unendliche Geschichte«, räumte die Landtagspräsidentin Sylvia Bretschneider ein.

Hier handelt es sich also tatsächlich um ein ganz besonderes Gebäude. Eine Erklärung lieferte das Urteil des ehemaligen Bundespräsidenten Richard von Weizsäcker, der Anfang der 1990er Jahre bei einem Besuch in Schwerin voller Erstaunen »vom wohl schönsten Parlamentssitz Deutschlands« sprach. Tatsächlich entfallen auf das Schlossmuseum nur zehn Prozent der Grundfläche. Der große Rest wird von den Parlamentariern und der Gastronomie genutzt. Auch die Schlosskirche, die sich zu ihrem 450-jährigen Jubiläum 2013 im alten Glanz zeigen soll, ist nicht Teil des Museums.

Nach Angaben der Landtagspräsidentin wurde für den notwendigen Umbau zum Parlamentssitz gar nicht mal so viel Geld benötigt. Große Summen verschlang jedoch die Restaurierung der Dächer, Fundamente und Fassaden. »Schönheit kostet eben überall ihren Preis«, könnte das Fazit lauten. Allein vor dem Hauptportal wurden 118 Betonpfähle in den Boden gerammt, um dem Haus wieder genügend Stabilität zu verleihen.

Die mitten in der Stadt gelegene Schlossinsel stellt zwar landschaftlich eine Augenweide dar, hat aber an den kolossalen Bauten buchstäblich schwer zu tragen. Im Laufe der Jahre sanken einige Mauern bereits bedrohlich in die Tiefe. Schließlich steht der ganze Komplex auf hölzernen Pfählen.

◂ **Die Schlossinsel im Schweriner See**

Schon Baumeister Gottfried Semper, der Erbauer der Dresdner Oper, hatte sich bei seinem 1842 eingereichten Entwurf für den Umbau der Schlossinsel leicht überschätzt. Die sumpfige Uferzone war wohl kaum für massive Bauten geeignet. Den Zuschlag erhielt schließlich der Hofbaurat Georg Adolf Demmler. Er war eigens zu längeren Studienreisen in die englischen und französischen Schlösserregionen aufgebrochen, um sich inspirieren zu lassen. Als Vorbild diente vor allem das Loire-Schloss Chambord im Département Loir-et-Cher.

Demmler musste 1851 seinen Hut nehmen, weil sich konservative Kreise am Hofe mit dessen Engagement in der bürgerlich-demokratischen Bewegung der Jahre 1848/49 nicht abfinden konnten. Seine Arbeit setzte Friedrich August Stüler fort, der einst beim preußischen Baumeister Karl Friedrich Schinkel in die Schule gegangen war. Am 26. Mai 1857 feierte die großherzogliche Familie zusammen mit dem Preußenkönig Friedrich Wilhelm IV. in einer festlich geschmückten Stadt nach 14-jähriger Bauzeit den Einzug ins neue, im Stil des Historismus errichtete Haus.

Ob damals ein gutmütiger Zwerg eine Rolle gespielt hat, ist nicht mehr in Erfahrung zu bringen. Heute aber kommt kein Fest in der Residenzstadt ohne den Schlossgeist »Petermännchen« aus. Der Sage nach lebte er in den Kellergewölben, die durch unterirdische Gänge mit dem Petersberg in Pinnow verbunden waren. Hier tarnte er sich tagsüber als Schmied. Nachts aber schlüpfte das Petermännchen in die Figur eines Zwergs, der mit Laterne, Schwert und Schlüsselbund das Schloss vor Dieben und Eindringlingen schützte.

Friedensengel an der Orangerie

Die Sandsteinplastik im Schlosshof und ein Bild im Säulenzimmer zeigen den Zwerg mit Federhut, Stiefeln und sogar Stelzen. Während der öffentlichen Führungen erfahren die Teilneh-

Schloss Schwerin

mer erstaunliche Details. So soll er 1913 im roten Gewand auf der Schlossbrücke vor dem großen Feuer gewarnt haben. Allerdings schenkte ihm niemand Glauben und die Flammen breiteten sich im Gebäude fast ungehindert aus. 1930 machte ein Polizist eine sonderbare Beobachtung. Über die Burgmauer habe sich eine kleine Gestalt mit spitzem Hut geschwungen. Für ein Eingreifen sei es zu spät gewesen, vermerkte der Beamte in seinem Bericht. Denn viel zu schnell habe sich der Vorfall abgespielt. Es könne sich deshalb nur um das Petermännchen gehandelt haben – so die nicht gerade überraschende Schlussfolgerung. Auf jeden Fall gab es später kein amtlich bestätigtes Auftreten des Petermännchens mehr. Aber als Maskottchen oder als Figur bei Stadtfesten taucht er regelmäßig auf. Inzwischen gibt es ihn sogar als Räuchermännchen, wie sie aus dem Erzgebirge bekannt sind.

Ein ganz anderes Souvenir bietet die Schlosskirche. Dort können Einheimische und Touristen eine Patenschaft für einen Stern an der Gewölbedecke übernehmen und so deren Restaurierung unterstützen. Insgesamt stehen 8.758 Sterne zum Verkauf. Mehrere tausend urkundlich bestätigte Patenschaften zum Preis von 50 bis 150 Euro konnten schon abgeschlossen werden. Auf einem Plan ist der genaue Standort des Sterns vermerkt.

STECKBRIEF

Schloss Schwerin
Im Jahre 973 schreibt ein arabischer Kaufmann über eine Burg auf der heutigen Schlossinsel. Ausgrabungen von Teilen eines slawischen Burgwalls bestätigen 1987 die Existenz einer solchen Burg. 1160 erfolgt die Stadtgründung Schwerins, nachdem deutsche Feudalherren die Slawen vertrieben hatten. Sie bauen die zerstörte Festung wieder auf.
Nach 1358 verlagern die Herzöge von Mecklenburg ihre Residenz von der Mikelenburg bei Wismar auf die Schweriner Burginsel. Es beginnt der Bau schlossähnlicher Gebäude. 1764 verlässt der Hof unter Herzog Friedrich dem Frommen Schwerin und siedelt nach Ludwigslust über; erst 1837 kehrt man wieder zurück. Großherzog Paul Friedrich I. entschließt sich, am Alten Garten, am Standort des heutigen Museums, ein neues Schloss zu errichten. Nach wenigen Monaten wird der Bau gestoppt, weil der Nachfolger des 1842 verstorbenen Großherzogs, der erst 19-jährige Friedrich Franz II. (1823–83), auf einer Neugestaltung der Schlossinsel besteht. Der Architekt Georg Adolf Demmler erhält den Zuschlag für seinen Entwurf, der sich am großen Loire-Schloss Chambord orientiert. Er muss 1851 die 1843 begonnenen Arbeiten abbrechen und dem Schinkel-Schüler Stüler überlassen.
Im Mai 1857 findet die feierliche Eröffnung des Schlosses statt. Ein verheerender Brand zerstört im Dezember 1913 ein Drittel des Baues. 1918 dankt der Großherzog von Mecklenburg-Schwerin nach der Novemberrevolution ab. Zur Übernahme des Schlosses 1919 durch den Staat ist nur die äußere Fassade wieder hergestellt. 1921 öffnet in einigen historischen Räumen das Schlossmuseum. Im Burgseeflügel entsteht 1948 der Plenarsaal für den Landtag von Mecklenburg-Vorpommern. Von 1952 bis 1981 nutzt eine Pädagogische Schule zur Ausbildung von Kindergärtnerinnen den größten Teil des Schlosses. Bis 1993 ist das Museum für Ur- und Frühgeschichte im Burgseeflügel untergebracht, während ein polytechnisches Museum zwischen 1961 und 1994 die Orangerie nutzt. Im Herbst 1990 nimmt der Landtag Mecklenburg-Vorpommern wieder seinen Sitz im Schloss Schwerin. Der als Museum genutzte Teil gehört zum Staatlichen Museum Schwerin.
Service: Schlossmuseum, Lennéstraße 1, 19503 Schwerin. Öffnungszeiten: dienstags bis sonntags 10–17 Uhr, Telefon 0385/5 25 29 20
www.schloss-schwerin.de
Anreise: Auf der A 24 Berlin – Hamburg bis zum Dreieck Schwerin, von dort weiter auf der A 14 bis nach Schwerin. Von der Ostseeautobahn A 20 empfehlen sich aus Westen die Ausfahrten Wismar-Mitte (weiter auf der B 106) und aus dem Osten Kreuz Wismar (weiter auf der A 14).

Schloss Wiligrad

SCHLOSS WILIGRAD

Ein Ort für schottisches und russisches Verhandlungsgeschick

In der vergleichsweise kurzen Geschichte von Schloss Wiligrad fällt ein Detail besonders ins Auge: »1945 Hauptquartier der 15. Schottischen Division«. Dabei macht nicht nur der Blick auf die Landkarte stutzig. Das kleine Wiligrad liegt nördlich von Schwerin in der Nähe von Lübstorf und damit mitten in der nach dem Kriegsende am 8. Mai 1945 eingerichteten Sowjetischen Besatzungszone. Das war wohl dem allgemeinen Durcheinander in jenen Wochen und Monaten zuzuschreiben. Außerdem suchten die Militärs nach ansprechenden Kommandostellen in einer schönen Landschaft und stießen dabei ganz zwangsläufig auf die zahlreichen Schlösser und Herrenhäuser in dieser Region. Da spielten Landesgrenzen wie die zwischen Mecklenburg und Schleswig-Holstein, die kurze Zeit später die innerdeutsche Demarkationslinie bildeten, noch keine entscheidende Rolle. Im Laufe der Zeit räumten die Armeen dann ihre Quartiere in den »falschen Zonen«.

Das so herrlich im Wald und am Wasser gelegene Wiligrad fand ausgerechnet durch das Kommando der Schotten Eingang in die deutsch-deutsche Geschichte. Hier trafen sich Generalmajor Colin Muir Barber, ausgestattet mit einer Vollmacht der britischen Rheinarmee, und der vom sowjetischen Oberkommando beauftragte Offizier Nikolai Grigorjewitsch Ljaschtschenko. Sie unterzeichneten im November 1945 in Gadebusch ein Abkommen über einen Gebietsaustausch zwischen der britischen und sowjetischen Zone; die Verhandlungen darüber fanden jedoch in Wiligrad statt. Letztendlich gelangte ein rund 5.000 Hektar großes Gebiet östlich des Schaalsees, das die Briten von Schleswig-Holstein aus nur schwer erreichen konnten, unter sowjetisches Kommando, und die Dörfer östlich des Ratzeburger Sees mit einer Gesamtfläche von 2.400 Hektar kamen unter britische Hoheit. Die meisten Einwohner der betroffenen Dörfer – rund 1.700 Menschen – wechselten auf eigenen Wunsch von den Sowjets zu den Briten.

In der Wendezeit 1989/90 tauchten das Barber-Ljaschtschenko-Abkommen und damit auch Wiligrad noch einmal in der öffentlichen Diskussion der Region auf. Es gab nicht wenige Forderungen, den damaligen Gebietsaustausch und die Eigentumsverluste rückgängig zu machen. Doch schnell hatten

Ein Schloss in Schwarz-Weiß-Rot

sich alle Überlegungen mit der bevorstehenden Wiedervereinigung erledigt.

Wiligrad dagegen vollzog tatsächlich eine Wende. Auf das Typhuslazarett, das die Rote Armee nach dem Abzug der Briten hier einrichtete, folgte eine Ausbildungsstätte der Polizei. Sie stand im Sommer auch den Kindern der Angestellten zur Verfügung. Mit dem Ende der DDR verlor auch die Ausbildungsstätte ihre Funktion, sodass sich wie überall eine große Ungewissheit über das Schicksal des Ortes legte.

Doch erneut nahm das Schloss eine ungewöhnliche Entwicklung. Ein Kunstverein machte die Anlage samt Garten zur Kulisse für Ausstellungen und Workshops. Inzwischen zeigt sich auch das Äußere wieder in den ursprünglichen Farben: schwarzes Dach, weiße Fassade, rote Terrakotten – wie die alten Farben des Deutschen Reiches.

STECKBRIEF

Schloss Wiligrad

Schloss Wiligrad entsteht zwischen 1896 und 1898 im Auftrag von Herzog Johann Albrecht. Es gehört damit zu den jüngsten Anlagen in Mecklenburg. Der Herzog orientierte sich bei der Namensgebung an der ursprünglichen Bezeichnung »Wiligrad« für die slawische Burganlage Michilinburg (Mecklenburg) auf dem heutigen Gebiet des Dorfes Mecklenburg. Nach dem Tod des Herzogs 1920 werden die repräsentativen Räume als Museum genutzt. Nur zeitweilig wohnt die herzogliche Familie noch hier. Sie veranstaltet mehrere Feste. Mit dem Ende des Zweiten Weltkrieges nimmt im Mai 1945 die 15. Schottische Division unter Generalmajor Barber hier ihr Hauptquartier. Im Schloss wird mit Generalmajor Ljaschtschenko von den sowjetischen Streitkräften das im November 1945 in Gadebusch unterzeichnete und durchgesetzte Abkommen über einen Gebietsaustausch zwischen der britischen und sowjetischen Besatzungszone verhandelt. Nach dem Abzug der Schotten richtet die Rote Armee ein Typhuslazarett ein. In die Nebengelasse ziehen Flüchtlinge. 1948 folgt die Landesparteischule der SED, bevor ab 1951 die Polizei im Gebäude eine Schulungsstätte einrichtet. Seit 1991 nutzt der Kunstverein Wiligrad die meisten Räume für Ausstellungen.

Service: Kunstverein Wiligrad e.V.
Schloss Wiligrad, 19069 Lübstorf
Telefon 03867/88 01
www.kunstverein-wiligrad.de

Anreise: Von Schwerin auf der B 106 bis zum Abzweig Lübstorf. Von dort ist der Weg nach Wiligrad ausgeschildert.

Schloss Basthorst

Schloss Basthorst

Ein Musterdorf vom Reißbrett

In vielen Dörfern Mecklenburg-Vorpommerns muss der auswärtige Besucher mit Hinweisschildern zum Schloss gelenkt werden. Nicht selten fährt er dennoch zunächst daran vorbei, weil die Zufahrt dann doch unerwartet kommt. In Basthorst bei Schwerin kann so etwas nicht passieren, denn die einzige Dorfstraße führt direkt auf das Schloss zu. Eine schönere Sackgasse kann man sich kaum vorstellen, thront doch das Schloss auf einem für mecklenburgische Verhältnisse schon beachtlich zu nennenden Hügel. Dahinter beginnt ein großer Park mit Blick auf einen ruhigen Waldsee.

Spätestens beim Spaziergang zurück ins Dorf entlang der Landarbeiterhäuser und Wirtschaftsgebäude wird klar, dass die Anlage eines solchen Ortes

Begrüßung an der Schlossauffahrt

nicht viele Jahrhunderte gedauert hat. Basthorst entstand tatsächlich um 1823 auf dem Reißbrett im Auftrag des Schlossherren. Jener Wilhelm von Schack sprühte vor Ideen und kümmerte sich als Mitglied des Regierungskollegiums um das Finanzwesen, den Straßenbau, die ärmsten Bevölkerungsschichten und um neue Methoden in der Agrarwirtschaft. Diese verwirklichte er vor allem in seinem Musterdorf Basthorst, auch noch nachdem er in Ungnade aus den höchsten Regierungskreisen ausgeschieden war. Bis heute haben sich die kleinen Gärten, Wiesen und Ackerflächen erhalten, mit denen sich die Familien in den Landarbeiterhäusern wenigstens zu einem kleinen Teil selbst versorgen konnten.

Doch die Geschichte mit dem Musterdorf hatte sich rasch erledigt, übernahmen doch zu Beginn des 20. Jahrhunderts bürgerliche Herren das Sagen im Schloss. Aber Basthorst behielt seinen außergewöhnlichen Charakter – sogar bis heute. Das Dorf mit seinen gerade mal zwei Dutzend Häusern schafft es nicht einmal auf jede Landkarte oder auf das Display eines jeden Navigationsgerätes.

Das klingt einerseits zwar nach Idylle, lässt aber andererseits Marketingstrategen fast verzweifeln. Schließlich scheuen viele Gäste die anstrengende Suche nach dem offerierten Hotel oder Restaurant. Sie entscheiden sich stattdessen für ein anderes Ziel, das leichter zu erreichen ist. Diese unliebsame Erfahrung musste auch der erste private Käufer des Schlosses nach der Wende machen. Zwischen 1994 und 1998 ließ Gustav Graf von Westarp die Anlage umfangreich sanieren und eröffnete dort ein Hotel. Die Zahl der Gäste blieb jedoch unter den Erwartungen.

Es folgten die Zwangsverwaltung durch eine Bank und die Versteigerung. Hier schlug im September 2003 das junge holländische Paar Marjon Wolthuis und Mark Hopmann zu. Die studierten Hotelmanager konnten natürlich auch nichts an dem etwas abgelegenen Standort ändern, erweiterten aber das Angebot beträchtlich. »Die wichtigste Säule ist das Restaurant«, sagt Marjon Wolthuis, die damit den Grundstein für einen besonders guten Ruf des Hauses legte. Einheimisches Wild und Fisch aus den umliegenden Seen bestimmten fortan die Speisekarten. Außerdem wurden die Zimmer im Schloss und im nahen Turmhaus saniert und die Ausrichtung von Hochzeitsfeiern perfektioniert. »Unser Gast soll sich unterwegs wie zu Hause fühlen«, lautet der Anspruch der Hotelchefin, die jedes Zimmer individuell gestaltet hat.

Seit dem Frühjahr 2007 steht den Hotel- und Tagesgästen außerdem ein in der Region einzigartiges Wellnessangebot zur Verfügung – mit Schwimmbad, Saunalandschaft und einer Fülle von Anwendungen in dem unauffällig neben dem Schloss gebauten Komplex. Das alles hat sich schnell herumgesprochen, sodass sich die Touristen heute kaum mehr von den kleinen Problemen bei der Suche des Dorfes stören lassen. Das Schloss selbst kann im Ort ohnehin niemand übersehen.

STECKBRIEF

Schloss Basthorst
1821 kauft Ernst Johann Wilhelm von Schack, Sohn eines Gutsbesitzers und aufgewachsen im benachbarten Wendorf, die Gemarkung Rehhagen. Er lässt ab 1823 ein Gutshaus, das spätere Schloss, und ein Musterdorf mit Landarbeiterhäusern und Wirtschaftsgebäuden erbauen. Er entscheidet sich für den Namen des ehemaligen Gutsbesitzes in Schleswig-Holstein: Basthorst. 1900 endet die Erbfolge der Schacks. Unter der Regie des neuen Eigentümers Karl Tust, eines Chemikers, erfährt das Herrenhaus seine Wandlung zur repräsentativen Schlossanlage. Unter anderem entsteht die heute noch bewundernswerte Bibliothek. Bis 1945 wechseln die Besitzer noch drei weitere Male. 1945 flieht die letzte Eigentümerfamilie Rau in den Westen. Der Grundbesitz wird im Zuge der Bodenreform aufgeteilt. Das Schloss soll abgerissen werden, um Material für den Bau von Neubauernhäusern zu gewinnen. Das kann die örtliche Jugendgruppe der FDJ allerdings verhindern. 1948 ziehen die zunächst im Schloss untergebrachten Flüchtlingsfamilien wieder aus und machen einer Lungenheilanstalt Platz. Von 1984 an wird das Anwesen von einer Weiterbildungsstätte für das Gesundheitswesen genutzt. Der Keller erhält eine Nachrichtenanlage, damit im Notfall der Rat des Bezirkes Schwerin im Schloss arbeiten kann. Nach der Wende erwerben Gustav Graf von Westarp und seine Frau den Komplex und eröffnen 1997 ein Hotel. Seit 2003 führt ein holländisches Paar das Hotel.

Service: Schloss Basthorst, Schlossstraße 18, 19089 Crivitz, Ortsteil Basthorst
Telefon 03863/52 50
www.schloss-basthorst.de

Anreise: Auf der A 14 bis zur Ausfahrt Schwerin-Ost, dann weiter auf der B 321 in Richtung Crivitz. Unterwegs biegt die Straße nach Pinnow nach links ab. Über Gädebehn erreichen die Autofahrer Basthorst.

TOUR 2

KLÜTZER WINKEL

Schloss Bothmer

Endlich Zuversicht nach langer Zitterpartie

Große Schlösser brauchen große Retter. Das beste Beispiel für diese Weisheit liefert Schloss Bothmer am Rande der Kleinstadt Klütz im Nordwesten Mecklenburgs. Das aus 13 Gebäuden bestehende und damit zu den größten Barockanlagen Norddeutschlands zählende Ensemble blieb jahrelang dem Verfall überlassen. Ein Hamburger Politikwissenschaftler hatte Bothmer zwar 1998 gegen eine symbolische Bezahlung von 1 DM von der Treuhand gekauft, aber von Anfang an auf Kriegsfuß mit den örtlichen Behörden und mit vielen Einwohnern gestanden. Sie wollten lieber einen vermeintlich millionenschweren amerikanischen Nachfahren derer von Bothmer als Käufer zum Zug kommen lassen. Doch schnell stellte sich heraus, dass dieser Interessent lediglich von einer angeheirateten Frau von Bothmer adoptiert worden war und keineswegs über genügend Kapital verfügte. Der Käufer aus Hamburg kämpfte buchstäblich gegen Windräder in Sichtachsen, um Parkplätze für Busse und vor allem gegen das Klischee vom arroganten Westler. Ernsthafte Bauarbeiten kamen erst gar nicht in Gang.

Dennoch wollte der neue Besitzer an seinen Plänen festhalten und hier ein Konzert- und Veranstaltungszentrum mit Ferienwohnungen errichten. Erst ein Urteil des Oberlandesgerichtes zwang ihn 2006 nach einem vier Jahre dauernden juristischen Tauziehen dazu, Schloss und Park an den Kreis Nordwestmecklenburg und die Stadt Klütz abzugeben. Die beiden neuen Eigentümer fühlten sich allerdings auch schnell überfordert angesichts des enormen Sanierungsaufwands. So blieb als Retter tatsächlich nur der größtmögliche Investor in Mecklenburg-Vorpommern übrig – das Bundesland selbst. Es übernahm im Januar 2008 die ganze Anlage in seine Verantwortung und will in den nächsten Jahren hier rund 18,5 Millionen Euro investieren.

Seit Ende 2010 erstrahlt die Fassade wieder im alten Glanz. Für 2013 ist die Fertigstellung des Haupthauses geplant und 2014 beginnt der Museumsbetrieb. Über das Gelingen des anspruchsvollen Vorhabens wachen nicht nur die

◀ **Schloss Bothmer**

Im Jahre 2014 soll im Schloss Bothmer ein Museum eröffnet werden.

Behörden von Stadt und Land, sondern auch die Deutsche Stiftung Denkmalschutz. Von ihr stammt unter anderem die 100.000 Euro teure Baudokumentation, nachdem sie schon in den Jahren 1996 und 1997 rund 600.000 Euro für die Sicherung des Bauwerks ausgegeben hatte.

»Schloss Bothmer ist ein Ensemble von europäischer Bedeutung«, begründete der 2011 verstorbene Stiftungsvorsitzende Gottfried Kiesow das Engagement. »Es enthält französische, holländische und englische Elemente.« Sein Erbauer Reichsgraf Hans Caspar von Bothmer sei der wichtigste Berater von König George I. in England gewesen. Deshalb werde man das Land bei der Bestandsaufnahme und bei der Suche nach einem künftigen Nutzungskonzept unterstützen.

Zu Beginn der Sanierungsarbeiten im Juli 2008 schloss das Bauministerium nicht aus, Bothmer nach der Sanierung wieder zu verkaufen. Es gebe sogar neue Pläne, in dem Gebäudekomplex ein Hotel einzurichten. Doch trotz der gewaltigen Ausmaße der Anlage, so räumte das Ministerium aus der nahen Landeshauptstadt Schwerin ein, könnten nur 30 bis 40 Zimmer eingerichtet werden. Die aber reichen für einen rentablen Betrieb erfahrungsgemäß nicht aus, zumal der Käufer die öffentlichen Fördermittel voraussichtlich zurückzahlen müsste. Auf jeden Fall bleibt das Schloss aber eine beliebte Spielstätte der Festspiele Mecklenburg-Vorpommern und sicher auch eine besondere Filmkulisse.

2006 wurden hier die entscheidenden Szenen für den Zweiteiler »Die Flucht« mit Maria Furtwängler in der Hauptrolle gedreht. Das Schloss diente als Schauplatz für die dramatischen Ereignisse in Ostpreußen in den letzten Monaten des Zweiten Weltkriegs. Auch viele Schlösser in Mecklenburg-Vorpommern waren vor und nach dem Kriegsende eine wichtige Zuflucht für heimatlos gewordene Flüchtlinge aus dem Osten. Bothmer diente zunächst als Seuchenkrankenhaus, bevor ein Altersheim die Räumlichkeiten bis 1994 nutzte.

Fast genauso bekannt wie das Schloss selbst ist die auf das Schloss zuführende Festonallee. Der eigentümliche Name leitet sich vom französischen Wort »feston« ab, was »Girlande« bedeutet. Tatsächlich vermitteln die graziös geschnittenen Linden diesen Eindruck. 270 Meter liegen zwischen dem ehemaligen Vorwerk Holzumfelde und

Die repräsentativen Schlossräume verfehlen ihre Wirkung nicht.

STECKBRIEF

Schloss Bothmer
Zwischen 1726 und 1732 lässt der Reichsgraf Johann Caspar von Bothmer (165–1732) die Anlage nach englischem Vorbild erbauen. Er hatte selbst einige Zeit als Diplomat in London verbracht. Architekt des aus 13 Gebäuden bestehenden Backsteinensembles ist der Hannoveraner Johann Friedrich Künnecke. Er verbindet Elemente der holländischen und englischen Schlossbaukunst aus der ersten Hälfte des 18. Jahrhunderts mit Symbolen eines typischen Mecklenburgischen Herrenhauses. Reichsgraf von Bothmer trägt maßgeblich dazu bei, dass der hannoversche Kurfürst Georg Ludwig 1714 in Personalunion König von England wird (George I.). Bothmer stirbt jedoch 1732 und erlebt die Fertigstellung des Schlosses nicht mehr. Erste Hausherren sind sein Neffe Hans Caspar Gottfried von Bothmer (1694–1765) und dessen Gemahlin Christine Margarete.
Bis 1945 bleiben Schloss und Ländereien im Besitz der Familie von Bothmer. Nach 1945 dient das Ensemble zunächst als Seuchenkrankenhaus, später als Altenheim, das 1994 auszieht. 1998 werden Schloss und Garten privatisiert. Doch die Sanierungs- und Umbaupläne eines Hamburger Politikwissenschaftlers scheitern. Nach vierjährigem Rechtsstreit übernehmen 2006 der Landkreis Nordwestmecklenburg und die Stadt Klütz das Schlossensemble; 2008 beginnt das Land Mecklenburg-Vorpommern als neuer Eigentümer mit der Restaurierung der Anlage. Sie soll 18,5 Millionen Euro kosten und wird von der Deutschen Stiftung Denkmalschutz begleitet.
Service: Verwaltung durch die Staatlichen Schlösser und Gärten. Wegen der laufenden Sanierungsarbeiten können voraussichtlich bis 2014 keine Führungen durch das Schloss und den Park angeboten werden. Kontakte zu sachkundigen Schlosskennern vermittelt auch das Literaturhaus »Uwe Johnson« in Klütz
Telefon 038825/2 23 87
www.literaturhaus-uwe-johnson.de
Anreise: Auf der Autobahn A 20 bis zur Ausfahrt Grevesmühlen und von dort über Grevesmühlen in Richtung Klütz.

dem Schloss. Der Spaziergänger überwindet auf dieser Allee einen kleinen Hügel und bewegt sich dann genau auf den Mittelpunkt des Haupthauses zu.

Das Schloss selbst steht auf einer sieben Hektar großen Insel, die ein Wassergraben und weitere Lindenalleen umgeben. Hier wird die Kopie englischer Landsitze besonders deutlich. Kein Wunder, hatte doch der Erbauer, Hans Caspar von Bothmer, Anfang des 18. Jahrhunderts seinen Dienstsitz in Westminster, in der berühmten und bis heute bekannten Downing Street 10.

Schloss Lütgenhof

Soldatenkommandos hinter abgesperrten Schlossmauern

Lütgenhof fällt unter den Schlössern in Mecklenburg-Vorpommern beträchtlich aus dem Rahmen. Das hat nicht so sehr mit dem äußeren Erscheinungsbild, der Lage am Rande eines kleinen Ortes oder dem Umbau zu einem schönen Hotel zu tun. Darin gleichen sich doch viele ehemalige Herrensitze. Nein, die Besonderheit von Schloss Lütgenhof findet sich in der jüngeren Chronik. »Grenzkaserne« – so lautet der etwas harmlos klingende Eintrag, der doch das schmerzlichste Kapitel der deutschen Nachkriegsgeschichte symbolisiert. Wo sich heute Urlaubs- und Tagungsgäste in exklusiver Atmosphäre wohlfühlen, befanden sich Stuben für die Soldaten, Räume für den Politikunterricht, Gemeinschaftsduschen, ein großer Speisesaal und nicht zuletzt die Waffenkammer. Nach dem Empfang der Maschinenpistolen rückten die Grenzer zur Bewachung der nahen Teilungslinie zwischen Ost und West aus. Die Menschen wurden notfalls mit Waffengewalt daran gehindert, sich von Mecklenburg nach Schleswig-Holstein oder umgekehrt zu bewegen, was heute glücklicherweise wieder problemlos möglich ist.

Schloss Lütgenhof

Das fast unüberwindbare Sperrsystem, das aus mehreren Zäunen, Signalanlagen und Postenwegen bestand, begann gleich in Sichtweite der heute wieder von jedermann nutzbaren Terrasse auf der Rückseite des Schlosses. Der Dassower See war hinter einer Mauer für die Einwohner überhaupt nicht mehr zu sehen. Besucher durften ohnehin nicht in das zum Sperrgebiet erklärte Lütgenhof, von ganz wenigen Ausnahmen einmal abgesehen.

Umso mehr überrascht ein Besuch im Schloss, das heute als Hotel genutzt wird. Eine millionenschwere und langjährige Restaurierung hat dem Haus seinen alten Charme zurückgegeben. Zum Glück behalfen sich die Soldaten bei der Einrichtung der Kaserne mit Wandverkleidungen, die den historischen Schmuck dahinter vor Zerstörung schützten.

Das 1999 eröffnete Hotel mit 23 Zimmern verfügt seit 2003 über einen Wellnessbereich mit einem Schwimmbad, Saunen, Ayurveda- und Massagebehandlungen sowie einem türkischen Dampfbad. In diversen Feinschmecker- und Restaurantführern erhielt die Küche beste Noten, sodass das Haus

Schloss Lütgenhof beherbergt ein anspruchsvolles Hotel.

schnell auch überregional bekannt wurde. Aus der einstigen Randlage hinter der Grenze rückte das Schloss dank des Mauerfalls wieder in den Mittelpunkt einer landschaftlich herrlichen Gegend. Störche, Wildgänse, Kraniche, Seeadler und viele Entenarten bevölkern den Dassower See und seine Umgebung. Zum Ostseestrand sind es nur 10, nach Lübeck lediglich 25 Kilometer.

Wem die Region vielleicht dennoch als zu einsam erscheint, sei an Uwe Johnson erinnert. Der Schriftsteller hat den Landstrich mit einer schönen Liebeserklärung verewigt: »Der Klützer Winkel liegt vergessen von der Welt und doch nicht ab von den Metropolen Hamburg und Berlin an der Ostsee. Ein verträumtes Stückchen Erde, einwärts der Ostsee.«

STECKBRIEF

Schloss Lütgenhof
Im Jahre 1301 kaufen Markward und Detlef von Parkentin das Gut bei Dassow von Fürst Heinrich dem Jüngeren von Mecklenburg. 1528 taucht es in den Chroniken als Lehnsgut auf. Zwischen 1744 und 1746 ist in den Lehnsakten erstmals der Name Lütgenhaue in Verbindung mit dem Eigentümer Clawes Parkentin Graf zu Lütgenhaue zu lesen. Ab 1746 heißt der neue Besitzer Justizrat Graf Adolf Gottlieb von Eyben. Die Edlen Herren von Paepcke erwerben 1816 das Lehnsgut Lütgenhof. 1839 beginnt der Bau des Herrenhauses, das 1890 im Zuge einer umfassenden Renovierung zum klassizistischen Schloss umgewandelt wird. Aus dieser Zeit stammen der Nordflügel und Wintergarten. Nach dem Kriegsende 1945 erfolgt die Enteignung der Familie von Paepcke. Das Schloss beherbergt bis 1947 ein Kinder- und Flüchtlingsheim; danach eine landwirtschaftliche Fachschule. Zwischen 1961 und 1990 dient es als Kaserne für DDR-Grenztruppen, die von hier aus die nahe innerdeutsche Grenze bewachen. 1992 beginnt die Mast Jägermeister AG mit der umfassenden Restaurierung; im April 1999 öffnet das Schlosshotel seine Türen.
Service: Hotel Schloss Lütgenhof, Ulmenweg 10a, 23942 Dassow
Telefon 038826/88 90
www.schloss-luetgenhof.de
Anreise: Von Rostock und Wismar auf der A 20 bis zur Ausfahrt Schönberg und von dort nach Dassow. Aus Richtung Hamburg und Lübeck empfiehlt sich die Fahrt über Travemünde. Dort wird mit der Priwall-Fähre übergesetzt, um über Pötenitz und Johannstorf nach Dassow zu fahren.

Gutshaus Stellshagen

Vom Familiensitz zum eigenen Bio-Gesundheitshotel

Nur wenige Schlösser und Herrenhäuser in Mecklenburg-Vorpommern gelangten nach der Wiedervereinigung zurück in den Besitz der 1945 vertriebenen Eigentümer. Wo das doch glückte, spielte oft der Zufall eine entscheidende Rolle. Das Gutshaus Stellshagen im bis heute abgeschiedenen Klützer Winkel liefert dafür ein besonders anschauliches Beispiel.

1924 sicherte der Hamburger Architekt Franz Bach seinem gleichnamigen Sohn zunächst ein Auskommen, indem er dem gelernten Landwirt eine beträchtliche Ackerfläche in der Gegend kaufte. Das Gutshaus, das die armen Tagelöhner schnell »Schloss« nannten, stellte er auf einen weithin sichtbaren Hügel. Auf der Bauzeichnung sollen auch einige antike Sandstein-Ornamente vermerkt gewesen sein, die der umtriebige Architekt irgendwo aufgetrieben hatte. Diese schmücken bis heute das pompöse Hauptportal, um das man das große Herrenhaus herumbaute.

Wie überall setzte auch der Zweite Weltkrieg in Stellshagen eine entscheidende Zäsur. Ins »Schloss« zogen zuerst die amerikanische, dann die britische und schließlich die sowjetische Militärkommandantur ein. Die Eigentümer konnten sich rechtzeitig in Sicherheit bringen und nach Hamburg übersiedeln. Franz Bach, der zwei Jahrzehnte zuvor den Grundstock für seinen Agrarbetrieb gelegt hatte, half 1945 sogar den neuen Machthabern in

Gutshaus Stellshagen

der Sowjetischen Besatzungszone bei der Aufteilung von Grund und Boden. Plötzlich erhielten die früheren Angestellten die Verantwortung über jeweils einen Teil des einstigen Großgrundbesitzes. Die Bodenreform hatte dies möglich gemacht, der einige Jahre später der mehr oder weniger freiwillige Zusammenschluss in Genossenschaften folgte.

Das Gutshaus Stellshagen hat sich der gesunden Ernährung verschrieben.

Doch das Wunder der Wende und die folgende Wiedervereinigung hatten natürlich auch Auswirkungen auf den Klützer Winkel. Das Gutshaus fiel der Treuhandanstalt zu. Sie entschied sich zu einer Versteigerung, die sich auch nach Hamburg zu den alten Eigentümern herumsprach. Lore Cordes, die Tochter von Franz Bach, hatte Stellshagen 1945 mit ihrem kleinen Sohn unter dem Arm fluchtartig verlassen. Sie suchte nun nach einem Nutzungskonzept und fand die Idee kurioserweise in ihrer eigenen Familie. Denn ihre Tochter Gertrud arbeitete als Heilpraktikerin in Hamburg und suchte nach einem Häuschen auf dem Lande, um auch Seminare veranstalten zu können. Zunächst winkte sie ab, denn ein Gutshaus mit den Ausmaßen eines Schlosses erschien ihr dann doch als zu groß für ihr Vorhaben.

Schließlich half das gute Zureden. Aus dem ursprünglich geplanten kleinen Seminarhaus entwickelte sich ein »Bio-Gesundheitshotel« mit vielen Kursangeboten. Lore Cordes spazierte tatsächlich fünfzig Jahre nach ihrem erzwungenen Auszug aus Stellshagen wieder mit ihrem Sohn ins einst so vertraute Heim. »Es ist schön, dass mein Elternhaus eine so sinnvolle neue Bestimmung gefunden hat«, sagte sie.

Heute reicht das Angebot von ayurvedischen Regenerationskuren, Yoga, Nordic Walking bis zu Qi Gong und Chinesischen Weisheiten. Die ungewöhnliche Chronik des Gutshauses gehört dabei auf jeden Fall zu den immer wieder erzählten Geschichten.

STECKBRIEF

Gutshaus Stellshagen
Auf einem Hügel zwischen Damshagen und Klütz baut 1924 der erfolgreiche Unternehmer und Architekt Franz Bach aus Hamburg für seinen gleichnamigen Sohn ein Herrenhaus. Dieser sollte hier herrschaftlich wohnen und als gelernter Landwirt ein neues Gut bewirtschaften. Der Vater spendiert deswegen nicht nur das 14-Zimmer-Haus, sondern auch ein beträchtliches Stück Ackerboden. Auch die Tagelöhner erhalten feste Häuser mit einem Kleintierstall. Das Gutshaus selbst, das in der Umgebung rasch als Schloss bezeichnet wird, weist ein imposantes Sandsteinportal auf. Bach soll es irgendwo erstanden und das ganze Gebäude nach diesem Bauteil ausgerichtet haben.
In den letzten Wochen vor dem Kriegsende 1945 finden Flüchtlingsfamilien aus dem Osten auf dem Gut eine notdürftige Unterkunft. Amerikanische Truppen fordern die Schlosseigentümer zur Räumung des Gebäudes innerhalb weniger Stunden auf.
Nach den amerikanischen Besatzern kommen später die englischen und schließlich die sowjetischen. Unter deren Aufsicht erfolgt die Bodenreform, die zur Enteignung von Franz Bach führt.
Die Familie setzt sich nach Hamburg ab, während das Gutshaus und die benachbarten Gebäude als Wohnungen, Schule und Internat für sogenannte schwer erziehbare Kinder dienen. 1994 schreibt die Treuhandanstalt das Gelände aus. Lore Cordes, Urenkelin des Architekten Franz Bach, unterbreitet zusammen mit ihrer Familie das beste Angebot. Es beginnen umfangreiche Renovierungsarbeiten. 1995 öffnet das Bio- und Gesundheitshotel »Gutshaus Stellshagen« seine Türen. Es bietet heute 100 Betten in 50 Zimmern und zwei Ferienwohnungen. Das Restaurant bietet viele Produkte aus dem direkt daneben gelegenen Bio-Landhof an.
Service: Gutshaus Stellshagen, Lindenstraße 1, 23948 Stellshagen
Telefon 038825/440
www.gutshaus-stellshagen.de
Anreise: Am schnellsten geht es auf der A 20 aus Richtung Lübeck und vom Kreuz Rostock (A 19 aus Berlin) bis zur Ausfahrt Grevesmühlen. Von hier weiter auf der Landstraße in Richtung Boltenhagen. Man kann auch die A 14 von Schwerin nehmen bis zum Kreuz Wismar.
Eine Zugverbindung besteht bis Grevesmühlen, von dort wird ein Abholservice mit dem Hotelbus angeboten.

VON WESTMECKLENBURG ZUR SEENPLATTE

Schloss Ludwigslust

Mehr Schein als Sein – ein Bauwerk voller Pappmaschee

So mancher Schlossherr muss beim Bau seines Schmuckstücks nach einer bekannten Devise handeln: »Mehr Schein als Sein.« Architekten, Maler und Kunsthandwerker kaschieren dann geschickt die Geldknappheit ihrer Auftraggeber und zaubern täuschend echt wirkende Kunstwerke. Ein wahres Meisterstück in dieser Hinsicht gelang zwischen 1772 und 1776 mit dem Schloss Ludwigslust. Bis heute werden die Gäste vom Glanz in den Sälen und Salons hinters Licht geführt.

Unter der goldenen Dekorschicht verbirgt sich oft Karton, der auch zum Formen von Vasen, Stuckelementen oder angeblichen Marmorplatten diente. Eine geschickte Farbgebung sorgte dafür, dass der Ludwigsluster Karton – oft Pappmaschee genannt – teuer und kostbar wirkte. So scheint es jedenfalls bis heute. Die Mecklenburger Herzöge sollen dafür tonnenweise alte Akten nach Ludwigslust gekarrt haben. Daraus wurden zuerst Schnipsel und hinterher ein dicker Brei mit Knochenleim. Nach dem Trocknen der in Formen gepressten Mischungen konnten die Bauleute mit robusten und wetterbeständigen Materialien arbeiten.

◂ Schloss Ludwigslust

Selbst im Prunkstück des Schlosses, im mehr als 12 Meter hohen Goldenen Saal, dominiert die Täuschung. Prachtvolle Türen, hinter denen der Besucher schmucke Salons vermutet, verschließen lediglich Abstellräume. Gips, Holz und eben Pappmaschee mussten für Simse, Balustraden und viele Verzierungen herhalten. 50 Gramm Blattgold, so erzählt der seit 1987 als Schlossverwalter tätige Peter Krohn, mussten für eine 20 Quadratmeter große Fläche reichen. Oft behalfen sich die Kunsthandwerker mit einer Messingfolie oder einer speziellen Farbe. »Sogar die mächtig anmutenden Säulen besitzen gar keine tragende Funktion«, sagt Krohn. »Bei der kürzlich erfolgten Öffnung einer solchen Säule stießen die Restauratoren auf vier schlichte Kanthölzer, die eine perfekte Ummantelung erhalten hatten.«

Bis heute sind nicht alle Rezepturen des Ludwigluster Pappmaschees bekannt. Schließlich wurde die Zusammensetzung als ein großes Geheimnis gehütet. 1765 begann die fast schon industriell zu nennende Produktion in

Vor dem Schlossportal wacht Friedrich Franz I., Großherzog von Mecklenburg.

einer Manufaktur. Bald waren die Erzeugnisse so gefragt, dass sie sogar in den Export gingen. Überall schätzte man Bildwerke, Prunkvasen und Tafelaufsätze, Postamente, Konsoltische, Tapetenzierleisten und Uhrengehäuse aus Ludwigsluster Karton. Erst am Anfang des 19. Jahrhunderts hatte sich der Geschmack gewandelt. Das endgültige Aus für die Manufaktur in der Nähe des Schlosses kam 1835.

Doch nicht nur am täuschend echt wirkenden Pappmaschee begeistern sich die Besucher. Staunend stehen sie auch vor den sogenannten Miniaturen aus dem 18. Jahrhundert. 125 kleine Gemälde und Bilder, die für Amulette vorgesehen waren, geben einen Einblick in die Gefühlswelt dieser Zeit. Die Miniporträts linderten nicht nur den Trennungsschmerz bei Eltern und Kindern sowie bei Brautpaaren, sondern spielten auch bei der Brautwerbung eine gewisse Rolle. Da die Paare in den Adelskreisen bereits früh von den Eltern festgelegt wurden, konnten sich die Auserwählten anhand der Miniporträts schon einmal »ein Bild« vom künftigen Partner machen, buchstäblich sogar. »Allerdings gab es dann beim tatsächlichen Aufeinandertreffen nicht selten ein böses Erwachen«, berichtet Schlossverwalter Peter Krohn. »Die Maler hatten die Braut oder den Bräutigam oft recht geschönt dargestellt, während das Original doch so seine Ecken und Kanten zeigte.« Das trifft möglicherweise auch auf die rund 40 Gemälde zu, die den Hofstaat von Herzog Christian Ludwig zeigen. Die Porträts wurden allerdings nicht vollendet, zu früh starben die Maler. So sind nur barocke Köpfe zu sehen.

Erhalten haben sich jedoch die Sammlungen von Korkschnitzereien aus dem Besitz von Herzog Friedrich Franz I., die Baudenkmale der römischen Antike en miniature abbilden. Leider kann bislang nur ein kleiner Teil besichtigt werden. Zum einen ist die Restaurierung der Kunstwerke noch nicht abgeschlossen; zum anderen lässt der Zustand des Schlosses dies nicht zu, weil erst 22 der rund 100 Zimmer besichtigt werden können. Die von 1990 bis 2007 bereitgestellten rund 9 Millionen Euro flossen hauptsächlich in die Erneuerung der Fassade, der Dächer, der Elektrotechnik und der Heizungsanlage. Im Jahr 2013 soll das gesamte Schloss wieder zugänglich sein.

Bei diesen Dimensionen sind die Staatlichen Museen Schwerin als Eigentümer wohl nicht böse, dass von den ursprünglichen Schlossbauplänen nur ein Drittel verwirklicht wurde. Der heute vorhandene Mittelbau sollte noch durch einen Ost- und einen Westflügel erweitert werden, um einen schönen barocken Ehrenhof zu erhalten. Doch finanzielle Engpässe erlaubten keine großen Anbauten mehr, sodass der Schlossplatz heute überdimensioniert erscheint. Aus Pappmaschee konnte man aber damals wie heute keine Häuser bauen, Schlösser schon gar nicht.

STECKBRIEF

Schloss Ludwigslust

Herzog Christian II. Ludwig von Mecklenburg lässt sich zwischen 1724 und 1731 am Rande des Dorfes Klenow ein Jagdschloss errichten. Es wird 1754 erstmals Ludwigslust genannt. Die Anlage des Barockgartens mit Lindenallee und Großem Kanal beginnt 1758. Zu diesem Zeitpunkt ist bereits bekannt, dass Ludwigslust neuer Regierungssitz wird, gelangt doch 1756 Herzog Friedrich, genannt Friedrich der Fromme, an die Macht. 1765 folgt mit dem Bau der Hofkirche der entscheidende Abschnitt zur Errichtung einer repräsentativen Barockresidenz. Kernstück ist das neue Schloss, das zwischen 1772 und 1776 entsteht. Baumeister ist Johann Joachim Busch.

Der große Bau ist im Kern aus Ziegeln errichtet. Ihn schmückt eine prächtige Sandsteinverkleidung. Stilistisch steht der Bau an der Wende vom Barock zum Klassizismus. Hinter dem Foyer befindet sich der Gartensaal, der seit 1878 als Jagdhalle dient und in dem heute ein Schlosscafé zum Besuch einlädt. Im ersten Obergeschoss liegen die einstigen herrschaftlichen Wohnräume und der Goldene Saal.

Der barocke Schlossgarten wird ab 1852 nach Plänen von Peter Josef Lenné zu einem englischen Landschaftspark umgestaltet. Ludwigslust bleibt bis 1837 Hauptresidenz des Großherzogtums Mecklenburg-Schwerin. Der abgedankte Großherzog nimmt hier von 1918 bis 1945 seinen Wohnsitz. Von 1950 bis 1990 dient das Schloss als Sitz der Verwaltung des Kreises Ludwigslust. 1990 fällt es an das Land Mecklenburg-Vorpommern und wird seitdem als »Museum fürstlicher Wohnkultur des 18. Jahrhunderts« restauriert.

Service: Schloss Ludwigslust, Schlossfreiheit, 19288 Ludwigslust. Öffnungszeiten: 15. April bis 14. Oktober: täglich 10–18 Uhr, 15. Oktober bis 14. April: dienstags bis sonntags und feiertags 10–17 Uhr
Telefon 03874/5 71 90
www.schloss-ludwigslust.de

Anreise: Auf der A 24 bis zur Ausfahrt Ludwigslust (aus Richtung Hamburg) oder bis zur Ausfahrt Neustadt-Glewe (aus Richtung Berlin), weiter auf der Bundesstraße 106 bzw. 191 bis nach Ludwigslust. Die B 5 aus Richtung Berlin führt direkt dorthin.

Schloss Karow

Ein Himmelbett als Souvenir

Gleich zwei Besonderheiten fallen bei Schloss Karow ins Auge. Da ist zunächst das Äußere: Der Besucher steht vor einem Doppelschloss – genauer gesagt handelt es sich um zwei Gebäudeteile, die aus verschiedenen Zeiten stammen. Rund 100 Jahre trennen den klassizistischen Bau und die zwischen 1903 und 1906 entstandene Schlosshälfte im neobarocken Stil. Im Innern ist davon jedoch kaum etwas zu merken. Hier besticht das im Jahre 2007 eröffnete Hotel vor allem durch seine vielen Antiquitäten. Selbst Kenner der Branche staunen über die außergewöhnlichen Möbel und Accessoires, die man sogar käuflich erwerben kann. Doch kommt dabei nie das Gefühl einer Verkaufsausstellung auf, was dem Geschick der Hoteleigentümer und ihrer Mitarbeiter zu verdanken ist. Alles geschieht sehr dezent und unauffällig. Die auserwählten Stücke werden stoßsicher verpackt und mit der Heimatadresse auf einem Etikett versehen. Das übergroße Angebot lässt kaum Wünsche offen. Es reicht vom Wäscheschrank aus dem Jahr 1783 mitsamt Schlüsseln bis zu einer Puppenstube von 1920 und einem Sekretär. Nahezu sämtliche Einrichtungs- und Dekorationsgegenstände des

Schloss Karow

Schlosses stehen zum Verkauf – selbst das Himmelbett aus der Hochzeitssuite.

Alle Antiquitäten haben die Schlossbesitzer persönlich ausgesucht und, wenn nötig, restaurieren lassen. Die Familie Heuer war von Georgsmarienhütte bei Osnabrück im Jahre 1999 mit Kind und Kegel in die Mecklenburgische Seenplatte gezogen und hatte Schloss Karow erworben. Der Enkel des einstigen Schlosseigentümers, Haimo Schlutius, hatte den Besitz ausgeschlagen und betreibt heute das nur wenige Meter entfernte Gut Karow als Landwirtschaftsbetrieb.

Acht Jahre dauerte die Restaurierung des Schlosses, die sich als schwierig erwies, weil aussagekräftige Informationen über die Inneneinrichtung fehlten. Kaum jemand in der Region konnte sich an das Aussehen einzelner Räume und Salons erinnern. Fotos und andere Dokumente existierten nicht. Deswegen orientierte sich Familie Heuer an der ungewöhnlichen Aufteilung des Gesamtensembles. Wer genau hinsieht, erkennt die klassizistische und neobarocke Gestaltung der Räume. So gelangt der Gast zunächst in das eher schlicht gehaltene Restaurant und die Bar mit ihren klaren Linien und dahinter

Kunst im Schlosspark

Stilvolles Interieur

STECKBRIEF

Schloss Karow
Das Karower Schloss besteht aus zwei Teilen, die mit einem Abstand von mehr als 100 Jahren errichtet werden. Das ältere klassizistische Gebäude entsteht zwischen 1800 und 1801 für das Grafengeschlecht derer von Hahn. Zwischen 1812 und 1898 vermerkt die Chronik die Familie derer von Cleve als Eigentümer. Danach erwirbt der Großindustrielle Johannes Schlutius das Gut und baut von 1903 bis 1906 an der Ostseite ein neues Schloss im neobarocken Stil an. Die Pläne dazu liefert der Berliner Architekt Ernst Eberhard von Ihne, Hofbaumeister von Kaiser Wilhelm II. Während des Zweiten Weltkriegs finden hier Rostocker Gymnasiasten und Teile des Reichsdienstes Unterkunft. Im Zuge der Bodenreform wird die Familie Schlutius 1945 enteignet. Im Schloss kommen zunächst Flüchtlingsfamilien aus dem Osten unter; später nutzen es ein Schulinternat, eine Betriebsberufsschule und ein Lehrlingswohnheim. Zwischen 1990 und 1998 ist das Anwesen kommunales Eigentum und dient als Gaststätte und als Sitz der Gemeindeverwaltung. 1998 erwirbt Familie Heuer das Schloss, die es nach jahrelanger Restaurierung am 1. Juni 2007 als Antiquitäten-Schlosshotel eröffnet. Im Schloss finden auch standesamtliche Trauungen statt.
Service: Hotel- und Antiquitätenschloss Karow, Parkstraße 1, 19395 Karow
Telefon 038738/7 06 00
www.schloss-karow.de
Anreise: Auf der Autobahn A 19 Berlin – Rostock bis zur Ausfahrt Malchow, weiter auf der B 192 in Richtung Sternberg bis nach Malchow.

über eine massive Eichentreppe zu den prunkvolleren Räumen im neobarocken Teil mit hohen Vasen und Verzierungen.

Vor der Anschaffung größerer Stücke empfiehlt sich ein ausgiebiger Spaziergang durch den 10 Hektar großen Schlosspark. Dann können Vor- und Nachteile eines Kaufs noch einmal abgewogen werden. Die vielen schönen Ecken, die verschlungenen Wege, die überraschenden Ein- und Ausblicke in den Park lassen die Gedanken schweifen. Im Sommer gastieren regelmäßig verschiedene Orchester und Solisten im Park, die bei ihren Konzerten stets auf ein gut gelauntes Publikum treffen. Ganzjährig kann der Festsaal für Konzerte und Hochzeiten genutzt werden.

Schloss Fleesensee

Vom Erholungsheim eines DDR-Kombinates zur Luxusherberge

So manches Detail aus der jüngeren Geschichte eines Schlosses erschließt sich erst nach dem Blick in ein DDR-Lexikon oder auf entsprechende Internetseiten. Selbst im Osten sind nicht mehr alle Abkürzungen sofort präsent. Erst recht haben die im Westen aufgewachsenen Zeitgenossen ihre Probleme bei der richtigen Deutung von Begriffen. »VE Kombinat SERO Berlin« gehört wohl dazu. Die kryptisch wirkende Angabe findet sich in der Chronik von »Schloss Fleesensee«, das diese Bezeichnung mit der Eröffnung des größten norddeutschen Freizeitresorts am Fleesensee unweit der Müritz im Jahre 2000 erhielt. Vorher war es als »Schloss Blücher« bekannt. 1980 aber, so vermerkt es die Zeittafel des gewaltig wirkenden Gebäudes, erfolgte die »Übergabe des Ferienheimes an das VE Kombinat SERO Berlin«.

SERO war die Abkürzung für das etwas holprig klingende Wort »Sekundärrohstofferfassung«. Die Buchstabenkombination »VE« stand für »Volkseigen«, und das Kombinat verkörperte den Zusammenschluss vieler Teilbetriebe einer Branche. Diese Betriebe sammelten, verwerteten und verteilten Abfälle aller Art – von Altpapier und leeren Flaschen bis hin zum Schrott. Für die Beschäftigten leistete sich das Kom-

Schloss Fleesensee

binat ab 1980 mit dem Schloss in der Nähe vom Fleesensee ein wahrlich beeindruckendes Anwesen zur Erholung. Allerdings hielt das Niveau in den Zimmern und Restaurants den gestiegenen

Ansprüchen nach der Wende nicht mehr lange stand. Der Hotelbetrieb im »Schloss Blücher« konnte sich unter den neuen Bedingungen wirtschaftlich nicht lange halten.

Die Luxusherberge im TUI-Komplex »Land Fleesensee« entstand nach langer Renovierung und machte das einstige SERO-Heim für neue Gästegruppen aus ganz Deutschland und dank der

Das als luxuriöses Hotel genutzte Schloss Fleesensee ist Mittelpunkt des Ferienresorts.

drei nahen Golfplätze selbst aus dem Ausland interessant. Das Gourmet-Restaurant »Frédéric« genießt auch überregional einen guten Ruf. Das Wild kommt aus den nahen Jagdgebieten, Süßwasserfisch aus den zahlreichen Seen der Umgebung, Lamm vom Biohof sowie Gemüse und Obst von regionalen Erzeugern. Der Schlosspark bietet alle möglichen Wildkräuter, von deren Wirkung schon die alten Schlossherren wussten.

Dagegen dominieren im großzügigen Fitness- und Wellnesbereich neuzeitliche Wohlfühlarrangements. Dazu gehören individuell abgestimmte Therapien, Massagen, Behandlungen und Bäder auf einer insgesamt 6.000 Quadratmeter großen Fläche. Nach Entspannung sehnt man sich nicht zuletzt nach einer Radtour. Auf guten Wegen sind das Schloss Klink an der Müritz oder die Herren- und Gutshäuser in Ludorf, Woldzegarten, Leizen oder Sparow leicht zu erreichen. Nur ein Katzensprung ist es bis nach Malchow mit seiner berühmten Drehbrücke. Deren spektakuläre Öffnung für Schiffspassagen begeistert die Urlauber bis heute. Die Gäste aus dem SERO-Kombinat verpassten jedoch auch dieses Erlebnis, fehlten doch Ende der 1970er Jahre Geld und Material für die Reparatur des verschlissenen technischen Meisterwerks. Es hat sich eben viel verändert. Auch an ein »Land Fleesensee«, wie es sich Tourismusstrategen zwecks besserer Vermarktung des neuen Urlaubszieles ausgedacht haben, war zu jenen Zeiten nicht zu denken.

STECKBRIEF

Schloss Fleesensee
Graf Ludwig II. von Blücher baut das Schloss 1842 im Ortsteil Lebbin außerhalb der früheren Gutsanlage. Ein Jahr später erfolgt die Umbenennung des Ortes Göhren-Lebbin in »Blücher« mit großherzoglicher Einwilligung. Hubert von Thiele-Winckler kauft 1871 den gesamten Besitz, der 1912 fast vollständig bei einem Brand zerstört wird. 1914 erstrahlt das Schloss nach einer nicht immer detailgetreuen Rekonstruktion durch den Gutsherren Raban von Thiele-Winckler wieder neu.
1933/34 übernimmt die Siedlungsgesellschaft »Deutsche Erde« das Anwesen, die von hier aus die Entwicklung zahlreicher bäuerlicher Betriebe vorantreibt. Kurze Zeit später kauft Major Erich Barfurth das Schloss, das während des Zweiten Weltkriegs als Schule und Wohnquartier für mehrere Familien dient. Nach Kriegsende 1945 vermerkt die Chronik zunächst ein Lazarett der sowjetischen Armee und danach die Unterbringung zahlreicher Flüchtlinge. Später folgen eine Konsumverkaufsstelle, eine Gaststätte, die Gemeindeverwaltung, Arztpraxis, Kindergarten, Post, Verwaltung der LPG sowie elf Wohnungen.
1973 übernimmt das Kohlekontor Berlin das Anwesen; es erfolgen erste Renovierungsarbeiten. 1980 heißt der neue Eigentümer des Erholungsheimes »VE Kombinat SERO Berlin«. Nach der Wende nimmt 1990 der Hotelbetrieb unter dem Namen »Schloss Blücher« seinen Betrieb auf. 1997 beginnen die vollständige Restaurierung und der Anbau der Dependancen. Im Jahre 2000 wird die Eröffnung des Radisson SAS Resort Schloss Fleesensee im Herzen des Resorts »Land Fleesensee« gefeiert.
Service: Radisson SAS Resort Schloss Fleesensee, Schlossstraße 1, 17213 Göhren-Lebbin
Telefon 03993/28 01 00
www.fleesensee.radissonsas.com
Anreise: Auf der A 19 Berlin – Rostock bis zur Ausfahrt Waren (Müritz), von dort weiter auf der B 192 bis zur Abzweigung Göhren-Lebbin.

GÜSTROW UND UMGEBUNG

Schloss Güstrow

Wallenstein als Held von Mecklenburg-Vorpommern

Sachsen-Anhalt hat seinen Luther, Hamburg seinen Störtebecker, Brandenburg seine Preußenkönige und Berlin natürlich Zille und den Hauptmann von Köpenick. Aber welche überregional oder gar international bekannte Person taugt als Markenzeichen für Mecklenburg-Vorpommern? Die Marketingstrategen des Landes suchten in Archiven, durchkämmten Aktenberge, befragten kundige Menschen und stießen dann tatsächlich auf einen Namen mit besonderer Ausstrahlung: Wallenstein. Der kaiserliche Feldherr während des Dreißigjährigen Krieges hinterließ durchaus Spuren in Mecklenburg, wenn er auch nur zwischen 1628 und 1630 auf Schloss Güstrow weilte. Doch seine Politik weckte den Landstrich buchstäblich aus seinem Dornröschenschlaf. Man darf gespannt sein, ob die Region und vor allem natürlich Güstrow in den nächsten Jahren dank Wallenstein tatsächlich mehr Aufmerksamkeit erhalten wird.

Immerhin führt in der Stadt eine Wallensteinstraße zum prächtigen Residenzschloss. In der großen Anlage selbst widmet sich eine eigene Ausstellung dieser wichtigen historischen Person, die aus Böhmen stammte und eigentlich Albrecht Wenzel Eusebius von Waldstein hieß.

Aber die Stadt Güstrow schmückt sich vor allem mit dem Namen Ernst Barlach. Der berühmte Bildhauer, Schriftsteller und Zeichner lebte von 1910 bis zu seinem Tod 1938 in diesem Ort, wo bis heute der größte Teil seiner Werke zu besichtigen ist. Barlach war auch der Grund für den legendären gemeinsamen Besuch von Helmut Schmidt und Erich Honecker in Güstrow im Jahr 1981. Schmidt verehrte Barlach und wollte authentische Orte des Künstlers kennenlernen. Wallenstein spielte da keine Rolle. Nächtliche Stadtführungen in Kostümen kamen erst mehr als ein Jahrzehnt später in Mode.

Bei Schlossführungen fällt der Name des Feldherren aber nach wie vor eher beiläufig. Das liegt keineswegs am Kenntnisstand der die Gäste begleitenden Damen und Herren, sondern an der durchaus bewegenden Geschichte des Schlosses. Von Wallenstein gibt es

◂ **Schloss Güstrow**

Im Renaissanceschloss Güstrow vereinigen sich unterschiedliche Baustile.

kaum bauliche Hinterlassenschaften, vor denen Touristen ins Staunen geraten könnten. Seine von ihm einst selbst abgesetzten Nachfolger auf dem Schlossherrenthron rächten sich auf ihre Weise an ihm. Sie ließen alle Hinweise auf Wallenstein entfernen.

Als der umstrittene Kriegsstratege 1628 nach Güstrow kam, ergriff der damals rechtmäßig residierende Herzog Hans Albrecht die Flucht. Sieben Jahre zuvor war Mecklenburg aufgeteilt worden: in Mecklenburg-Schwerin und Mecklenburg-Güstrow. Damals zeigte sich das Schloss in Güstrow nach 40-jähriger Bauzeit schon in schönster Pracht. Nach einem Brand in der einstigen Burg hatte Herzog Ulrich ab 1558 einen Neubau errichten lassen. Der italienischstämmige Architekt Franz Parr aus Schlesien entwarf einen nach innen und außen repräsentativ wirkenden Bau. Er hat sich vermutlich an anderen großen Schlossbauten orientiert, fallen doch Ähnlichkeiten mit den bedeutenden Bauwerken in Torgau, Meißen und Heidelberg auf. Seinen Güstrower Entwurf schmückte er mit Motiven italienischer und französischer Renaissancearchitektur.

Wallenstein erhielt also einen sehr ansprechenden Bau als Residenz. Diese hatte er zusammen mit beiden Mecklenburger Landesteilen vom Kaiser bekommen, der damit Kriegsschulden beglich. Schließlich hatte Wallenstein die Truppen aus der eigenen Tasche finanziert. Dieser Schritt sollte sich für ihn als ein gutes Geschäft erweisen. In Güstrow begann er umgehend mit einem Reformwerk, das ihn in den Augen der heutigen Marketingstrategen des Landes zum positiven Helden macht.

Er holte junge Adlige aus Böhmen an seinen Hof und schickte die eigene Elite zur Ausbildung in seine ursprüngliche Heimat, richtete schnelle Nachrichtenverbindungen ein und beschleunigte Gerichtsverfahren. Rostock sollte eine Spitzenuniversität erhalten und Wismar zu einem bedeutenden Hafen- und Schiffbaustandort werden. Den Kommunen verordnete er eine Sorgfaltpflicht für Arme. Sogar über eine Rekonstruktion des Wasserweges zwischen dem Schweriner See und Wismar und damit der Ostsee dachte er nach,

Der Schlosspark wurde nach historischen Vorlagen gestaltet.

war ihm doch die strategische Bedeutung des Kanalabschnittes bewusst. Doch am Ende fehlten Geld und Zeit. Bis heute erinnert der erstmals 1876 aufgetauchte Name »Wallensteingraben« an das Projekt, das immer mal wieder in die Schlagzeilen gerät.

Wallenstein jedenfalls musste bald sein Engagement auf Schloss Güstrow beenden. Seine Feinde entschieden sich 1634 für das letzte Mittel und ließen ihn ermorden. Die ursprünglichen mecklenburgischen Herzöge kehrten zurück und stoppten alle Reformen. Das Schloss erhielt das alte Aussehen, und Wallenstein war fast wieder vergessen – bis er im 21. Jahrhundert für den Werbefeldzug des Urlaubslandes neu entdeckt wurde. Vielleicht tragen die künftigen Schlösserbücher oder Reisebeschreibungen schon den Titel »Wallenstein-Schloss Güstrow«.

STECKBRIEF

Schloss Güstrow
Herzog Ulrich von Mecklenburg lässt den ursprünglich vierflügeligen Burgkomplex ab 1558 als herrschaftliche Residenz errichten. Den Baumeistern Franz Parr und Phillipp Brandin gelingt eine für die Zeit und Region einzigartige Mischung italienischer, französischer, holländischer und deutscher Baustile. Von der prächtigen Ausstattung zeugen bis heute mehrere Stuckdecken, darunter die 1620 vollendete Festsaaldecke mit exotischen Jagdszenen nach niederländischen Kupferstichen. Von 1628 bis 1630 residiert hier der Feldherr Albrecht von Wallenstein, der mehrere Reformen in Gang setzt. Der Bau von Torhaus und Brücke durch Charles Philippe Dieussart schließt den Schlosskomplex in der zweiten Hälfte des 17. Jahrhunderts ab.

Das Aussterben der Güstrower herzoglichen Familie erklärt den langen Leerstand. Ab 1800 wird das Gebäude als Kriegslazarett und ab 1817 als Landesarbeitshaus genutzt. 1952 zieht ein Altersheim ein. Von 1963 bis 1978 dauert die umfassende Restaurierung. 1972 öffnet das Museum für norddeutsche Kunst des Mittelalters, Jagd- und Prunkwaffen sowie zeitgenössische Kunst. Es gehört heute zum Staatlichen Museum Schwerin. Der Schlosspark erstrahlt als Renaissancegarten wieder im alten Glanz.

Service: Schloss Güstrow, Franz-Parr-Platz 1, 18273 Güstrow. Geöffnet 15. April bis 14. Oktober täglich 9–17 Uhr, 15. Oktober bis 14. April dienstags bis sonntags 9–17 Uhr.
Telefon 03843/75 20
www.schloss-guestrow.de

Anreise: Auf der A 20 bis zur Ausfahrt Güstrow.

Das Gutshaus Gremmelin beherbergt heute ein Tagungshotel.

Gut Gremmelin

Ein Guts- und Inspektorenhaus inmitten einer Schweiz

Besonders schöne und romantische Gegenden erhielten im 19. Jahrhundert oft den Beinamen »Schweiz«. Wer die weltweit rund 190 Gebiete mit diesem schmückenden Titel genauer unter die Lupe nimmt, muss den jeweiligen Namengebern allerdings viel Fantasie zubilligen. Hohe Gipfel, schroffe Schluchten oder andere Klischeebilder findet der heutige Besucher meistens gar nicht oder nur in einer Miniaturausgabe. Von den anerkannten 50 Schweizen in Deutschland kann die Mecklenburgische Schweiz zwischen Güstrow, Teterow und Malchin immerhin auf einen hochoffiziellen Verkündigungsakt verweisen. Im Jahre 1811 sprach der damalige Erbprinz von Mecklenburg-Strelitz und spätere Landesfürst Georg I. bei der Grundsteinlegung für die Burg

Schlitz nach einem Blick über das hügelige Land den an den Grafen gerichteten, bedeutungsschweren Satz: »Dies nun sei Seine, die Mecklenburgische Schweiz.« Die Presse griff die Huldigung gerne auf, und schon war der Begriff ein für alle Mal festgelegt.

Ebenfalls Anfang des 19. Jahrhunderts begann die Entwicklung des landwirtschaftlichen Gutes Gremmelin, wenn auch die Ursprünge viel weiter zurückreichen. Alte Fundamentsteine weisen auf eine vermutlich von den Slawen im 14. Jahrhundert an dieser Stelle errichtete Burg. Daran erinnert nicht zuletzt auch der Name »Gremmelin«, der sich von »Kreml« ableitet und so viel wie Burg und Wehr bedeutet.

Gerade das heutige Gremmelin hat aber keinerlei Ähnlichkeit mit den aus Moskau und anderen russischen Orten bekannten Ensembles aus hohen Zwiebeltürmchen, Kirchen und anderen Bauten hinter hohen Mauern. Das Gutshaus vom Anfang des 19. Jahrhunderts passt sich harmonisch der Hügellandschaft der Mecklenburgischen Schweiz an und thront sogar ein wenig über dem Park.

Seit der Übernahme durch Claudia Schaffhausen im Jahre 1995 genießt das Gut mit Herrenhaus und dem als Restaurant genutzten ehemaligen Inspektorenhaus am Rande des kleinen Dorfes einen ausgezeichneten Ruf als Tagungs-, Bankett- und Hochzeitsstätte. Die Gäste kommen jedoch nicht allein wegen der viel Ruhe ausstrahlenden Landschaft. »Wir haben uns ganz bewusst gegen einen Hotelbetrieb entschieden«, sagt die neue Eigentümerin. »Zwei Drittel des Umsatzes entfallen auf Seminare und Tagungen, 20 Prozent auf Hochzeiten und der Rest auf Bankette, Events, Familienfeiern oder Geschäftsessen.« Erfahrungsgemäß wollen die jeweiligen Gäste oft unter sich bleiben und den Platz im Guts- und Inspektorenhaus nicht mit anderen Besuchern teilen, meint die rührige Geschäftsführerin. Diese konsequente Spezialisierung zählt eher zu den Ausnahmen nicht nur in der Mecklenburgischen Schweiz. Meistens suchen die Hotels nach Einnahmen auf allen Ebenen. Viele Häuser verzetteln

Entspannung am nahen See

sich aber dabei, und am Ende fühlen sich Urlaubs- und Tagungsgäste gleichermaßen von der jeweils anderen Gruppe gestört. Deshalb bleiben auch der Kletterparcours und andere Stationen, die der Teambildung dienen sollen, für die Öffentlichkeit gesperrt.

Die schöne Umgebung steht dagegen jedermann für ausgedehnte Spaziergänge und Wanderungen offen. Radfahrer merken auf ihren Touren schnell den Unterschied zu anderen Mecklenburger Regionen. Es geht nicht immer nur flach geradeaus. Bei einigen Hügeln kommen sie schon manchmal außer Puste, wenn auch der Vergleich zur Schweiz wirklich viel Fantasie verlangt.

STECKBRIEF

Gut Gremmelin
Die Wurzeln des herrschaftlichen Anwesens reichen weit, nämlich bis in das 14. Jahrhundert zurück. Als Eigentümerin wird in den Chroniken eine adlige Familie von Oldenburg vermerkt, für deren Wirken in Mecklenburg es erste Nachweise schon aus dem 13. Jahrhundert gibt. 1803 erwirbt die Familie von Pentz das Gut. Sie gehört zu den einflussreichsten Familien im Norden Deutschlands und baut sich ein repräsentatives Gutshaus. Christian Graf von Pentz heiratet hier Sophie Elisabeth Gräfin von Schleswig-Holstein, verwandtschaftlich mit dem dänischen Königshaus verbunden. Gremmelin wird danach ein Zentrum zur Zucht edler Pferde.

Im Zuge der Bodenreform verliert die Familie von Pentz ihr Eigentum. In die Gebäude ziehen Flüchtlingsfamilien aus dem Osten, später ein Kindergarten und die Küche der LPG. Nach der Wende nutzt ein Tischtennisverein die Räumlichkeiten, bevor 1995 die Familie Schaffhausen das Gut erwirbt. Nach dreijähriger Renovierung eröffnet Gut Gremmelin als Tagungsdomizil und als Haus mit exklusivem Seminar- und Bankettbetrieb. Im Jahre 2008 wird ein neues Tagungszentrum eröffnet, sodass jetzt 50 Zimmer zur Verfügung stehen.

Service: Gut Gremmelin, Am Hofsee 33, 18279 Gremmelin
Telefon 038452/51 10
www.gutgremmelin.de

Anreise: Auf der A 19 Dreieck Wittstock – Rostock bis zur Ausfahrt Nr. 13 Güstrow-Süd/Teterow, weiter links in Richtung Teterow und nach weiteren 200 Metern nach links in Richtung Reinshagen abbiegen. Am Ende der Hauptstraße auf die Kopfsteinpflasterstraße fahren. Das Gut befindet sich auf der linken Seite.

Herrenhaus Hohen Luckow

Ein verschwiegener Gastgeber für die mächtigsten Politiker der Welt

Eine derart große Geheimhaltung klappt nicht alle Tage. Noch bis eine Woche vor dem gemeinsamen Abendessen der mächtigsten Staats- und Regierungschefs der Welt in Hohen Luckow drang im Frühsommer 2007 kein einziges Wort über die Gutsmauern nach draußen. Und selbst in den Tagen danach klangen die Äußerungen vage und stammten wohl eher aus den Kreisen der Landesregierung Mecklenburg-Vorpommerns als aus dem kleinen Dorf

Herrenhaus Hohen Luckow

zwischen Rostock und Bad Doberan. Jedenfalls blieb das Abendessen auf dem Lande zum Abschluss des ersten Tages des G8-Gipfels von Heiligendamm fast bis zuletzt eine äußerst verschwiegene Angelegenheit.

Dabei muss die Vorbereitung für die Begrüßung im Park und das Essen im schönen Rittersaal viel Zeit und Mühe gekostet haben. Im Gutshaus finden zwar regelmäßig Konzerte im Rahmen der Festspiele Mecklenburg-Vorpommern statt, aber dies wird nur bedingt geholfen haben. Auf jeden Fall hat Hohen Luckow vom G8-Gipfel stark profitiert.

Das zeigt sich an den vielen Besuchern, die gerne auf den Spuren der Kanzlerin und ihrer Staatsgäste das ganze Terrain erkunden wollen. Doch das Gutshaus ist kein Hotel, Museum oder Restaurant. Die privaten Eigentümer vermieten lediglich Ferienwohnungen und zeigen das Innere des stattlichen Gebäudes nur zu festen Besichtigungsterminen. Der weitläufige englische Landschaftspark mit alten Bäumen und einigen Kunstobjekten steht dagegen jederzeit der Öffentlichkeit zur Verfügung.

Auf dem Weg dahin begegnet der Gast garantiert einigen großen Tieren, oder er hört und riecht sie zumindest. In Hohen Luckow bestimmt eben die Landwirtschaft schon seit Jahrhunderten den Lauf der Dinge. Milchproduktion und Ackerbau dominieren. In den Ställen und auf der Weide stehen rund 1.250 Kühe.

Danach sah es nach dem Ende der DDR gar nicht aus. Das Volkseigene Gut, das zu den größten landwirtschaftlichen Betrieben gehörte, verlor fast alle Schafe, Schweine, Mastrinder und Pferde. Erst nach langer Suche fand sich 1994 endlich ein Käufer, der sich schnell als ein Glücksfall erweisen sollte. Das Ehepaar Ruth und Adolf Merckle führte den Betrieb zurück in die Erfolgsspur. Am Konzept des Gutshauses änderte sich auch nach dem überraschenden Selbstmord des Milliardärs Adolf Merckle im Januar 2009 nichts. Das Anwesen soll im Familieneigentum verbleiben. Besucher sind weiterhin willkommen.

Sie begeistern sich vor allem an den aus der Barockzeit erhalten gebliebenen Stuckdecken im Salon und im Rittersaal.

Alte Bäume flankieren das repräsentative Herrenhaus.

Karl Maria Pozzi lieferte Anfang des 18. Jahrhunderts die Entwürfe, die sein italienischer Landsmann Giovan Battista Clerici mit viel Geschick verwirklichte. Neben vielen Medaillons an den Wänden schmückt ein großer, vergoldeter Kamin zusätzlich eine Seite des Rittersaals.

Von dort ist es nur ein kurzer Weg zur wohl schönsten Wohnung für Feriengäste: Sie können in einem der Türme des Gutshauses übernachten und beim Blick in die weite Landschaft auch an die einst berühmten Gäste eines Abendessens zurückdenken.

STECKBRIEF

Herrenhaus Hohen Luckow
Der aus einer alten Gutsbesitzerfamilie stammende Christoph von Bassewitz lässt das repräsentative Herrenhaus, das oft als Schloss bezeichnet wird, 1707 errichten. Es bildet den Mittelpunkt des Gutes. 1810 endet die mindestens 350 Jahre dauernde Anwesenheit derer von Bassewitz. Die Hamburger Familie von Stenglin übernimmt nun die Verantwortung und macht das Gut zum Pferdezentrum. Das bleibt es auch nach 1840, als die Lübecker Familie von Brocken das Anwesen erwirbt. Der Ehemann der jüngsten Brocken-Tochter Christa, Freiherr von Langen, gewinnt 1928 olympisches Gold im Dressurreiten.

1945 geht während der Besetzung durch sowjetische Truppen das Inventar komplett verloren. Die Familie von Langen wird im Zuge der Bodenreform enteignet. In das Haus ziehen zunächst Flüchtlinge aus dem Osten. Der Rittersaal dient zeitweilig sogar als Außenstelle des Gefängnisses von Bützow. Ende der 1940er Jahre wird Hohen Luckow zum Volkseigenen Gut, dessen Verwaltung ins Herrenhaus zieht. Seit 1976 steht das Ensemble unter Denkmalschutz. 1990 übernimmt die Treuhandanstalt Gebäude und Ländereien. Vier Jahre später erwirbt Familie Merckle aus Blaubeuren das gesamte Gut und entscheidet sich für die Wiederaufnahme der Landwirtschaft. Im Sommer 2007 lädt Bundeskanzlerin Angela Merkel im Rahmen des G8-Gipfels von Heiligendamm die Staats- und Regierungschefs zu einem Abendessen nach Hohen Luckow ein.

Service: Gut Hohen Luckow, Rostocker Straße 23, 18239 Hohen Luckow; Besichtigungen können erfragt werden.
Telefon 038295/76 50
www.guthohenluckow.de

Anreise: Auf der A 20 bis zur Ausfahrt Bad Doberan, weiter auf der Landstraße in Richtung Bad Doberan, nach drei Kilometern folgt die Abzweigung nach Hohen Luckow.

AN DER MÜRITZ UND UMGEBUNG

Schloss Mirow

Von der mecklenburgischen Provinz ins englische Königshaus

So manche Schlosschronik verzeichnet Episoden, die sich märchenhaft anhören. Für den Wahrheitsgehalt lassen sich zwar trotz intensiver Recherche meistens keine stichhaltigen Belege finden, aber man erzählt sie sich in den alten Gemäuern dennoch sehr gern. In Mirow in der Mecklenburgischen Seenplatte ranken sich um die 1744 im hiesigen Schloss geborene Prinzessin Sophie Charlotte zu Mecklenburg-Strelitz einige schöne Begebenheiten. So soll sie 1760 den preußischen König Friedrich II. schriftlich um Hilfe für das kleine Herzogtum gebeten haben. Der Landstrich hatte schon am Beginn des Siebenjährigen Kriegs (1756-63) arg gelitten und lag daher am Boden. Dieser Brief, so ist heute in Mirow zu hören, gelangte ausgerechnet in die Hände eines englischen Gesandten, der für seinen König Georg III. nach einer passenden Braut auf dem Kontinent Ausschau hielt.

Der Mut und vielleicht auch die zu Herzen gehende Art der Formulierung hinterließen beim Botschafter offenbar großen Eindruck. Deshalb empfahl er dem König, doch um die Hand jener anmutigen Prinzessin anzuhalten. Schon ein Jahr später fand die Hochzeit statt, und aus der jungen Dame vom mecklenburgischen Land wurde die Königin von England. Da liegt es auf der Hand, dass sich das noch bis 2010 in der Restaurierung befindliche Schloss künftig auch den Beziehungen zum englischen Königshaus widmen wird. Möglicherweise können die Besucher dann einige Exponate aus dem Kensington-Palast bestaunen. Dort starb 1818 die Königin aus Mecklenburg-Strelitz.

Der Siebenjährige Krieg beeinflusste aber nicht nur das persönliche Schicksal der jungen Prinzessin und damit die Machtverhältnisse in Europa, sondern auch die Architektur des Mirower Rokokoschlosses. Der König konzentrierte die ganze Kraft auf einen Erfolg im Krieg und untersagte deshalb alle Arbeiten in seiner Potsdamer Residenz. Von diesem Baustopp waren auch führende preußische Bildhauer betroffen, die sich nun nach einer neuen Beschäftigung umschauen mussten. Da kam

◂ Schloss Mirow

ihnen die mecklenburgische Provinz gerade recht. Sie begaben sich nach Mirow und machten sich ans Werk.

Das erklärt so manche Ähnlichkeiten mit dem Potsdamer Stadtschloss und auch mit Sanssouci, beispielsweise in der Raumaufteilung. Bis heute wundern sich Besucher des Schlosses Sanssouci, dass es hier keinen Flur gibt. Hinter der Eingangstür findet man sich ebenerdig sofort in einem der Gästezimmer. König Friedrich II. wollte mit dem Weinbergschlösschen eben kein repräsentatives Bauwerk, sondern ein privates Refugium zum Wohlfühlen schaffen. Ähnliche Ziele muss auch die Herzogin Elisabeth-Albertine mit dem Mirower Schloss verfolgt haben, das ihr der Stiefsohn Adolf Friedrich III. als Witwensitz bauen ließ. Auch hier gibt es keinen großzügigen Eingangsbereich und keine Treppe zum Festsaal in der ersten Etage, wie es in anderen Schlössern üblich ist. Die wichtigsten Wohnräume lagen ebenfalls im Erdgeschoss.

Bis zur Fertigstellung des Schlossmuseums, das die hohe Kunst der »Potsdamer Leih-Stuckateure« beweisen soll, ist neben der Kirche mit ihrer Fürstengruft vor allem der Park mit der Liebesinsel der wichtigste Anziehungspunkt für Mirow-Besucher. Hier fand der letzte Großherzog, Friedrich Adolf VI., seine letzte Ruhe. Er nahm sich 1918 das Leben, als die Monarchie in Deutschland abgeschafft wurde. Natürlich haben die Mirower ihre eigene Erklärung für den Freitod. Der Herzog

Schloss Mirow mit dem gegenüberliegenden Kavaliershaus (links)

sei wohl über das Ableben seiner Großmutter nicht hinweggekommen, heißt es. Deshalb ziert auch eine abgebrochene Säule als Zeichen des vorzeitig beendeten Lebens sein Grab auf der Liebesinsel. Er wurde nur 36 Jahre alt.

Doch es gibt auch andere Theorien. Der ertrunken mit einer Schusswunde am Kopf aufgefundene Großherzog hatte schließlich enge Beziehungen zu gleich zwei Frauen. Zuerst wollte er eine Berliner Hofschauspielerin heiraten, dann schlug sein Herz wohl stärker für eine Fürstin, die allerdings der Spionage für England bezichtigt wurde – fragwürdige, zumindest undurchsichtige Verhältnisse. Da klingt die Geschichte vom Brief der Prinzessin in der Hand des englischen Brautwerbers doch viel romantischer.

STECKBRIEF

Schloss Mirow
1709 beginnt man mit dem Bau eines Schlosses für Christiane Emilie Antonie, der Witwe des ein Jahr zuvor verstorbenen Herzogs Adolf Friedrich II. von Mecklenburg-Strelitz. Deren Sohn, Herzog Karl (Prinz von Mirow), und seine Ehefrau Elisabeth-Albertine leben hier bis 1737. Im Schloss werden Prinzessin Sophie Charlotte, die spätere Gemahlin von Georg III. und Königin von England, sowie Herzog Karl II., Vater der Königin Luise von Preußen, geboren. 1742 zerstört ein Blitzschlag das Schloss mit Ausnahme des Mittelbaus und des um 1710 entstandenen Festsaals. Das heutige Schloss lässt Adolf Friedrich III. nach Plänen von Christoph Julius Löwe zwischen 1749 und 1752 als Witwensitz für seine Stiefmutter Elisabeth-Albertine bauen. 1761 endet mit dem Tod der Herzogin die ständige Hofhaltung in Mirow zugunsten der Hauptresidenz Neustrelitz. Die Familienmitglieder kehren nur noch zu Beisetzungsfeierlichkeiten ins Schloss zurück. In der benachbarten Johanniterkirche befindet sich die Gruft.
Nach der Enteignung der herzoglichen Familie nach dem Ersten Weltkrieg dient das Schloss als Offiziersheim und Lazarett. Zu DDR-Zeiten nutzt ein Seniorenheim das Haus. Oft dreht die DEFA hier Filme. Anfang der 1990er Jahre wird das Land Mecklenburg-Vorpommern Eigentümer.
Service: Verein Residenzschloss, Torhaus 1, 17252 Mirow
Telefon 039833/2 09 54
www.schlossverein.de
Anreise: Von der Ausfahrt Röbel der A 19 (Dreieck Wittstock – Rostock) führt der Weg über die B 198 nach Mirow. Von der B 96 Berlin – Stralsund zweigt die B 198 vor Neustrelitz nach Wesenberg und Mirow ab.

Schloss Klink

Ein schönes Mitbringsel von der Hochzeitsreise an die Loire

Das Tal der Loire mit seinen einzigartigen Burgen und Schlössern galt schon vor 100 Jahren als beliebtes Ziel für Hochzeitsreisen. Schließlich garantierte die Schönheit der bis auf das Mittelalter zurückgehenden Bauwerke im Tal des liebliches Stromes und seiner Nebenflüsse gute Laune und romantische Gedanken. Einen geradezu überschwänglichen Eindruck hinterließen die Schlösser Ende des 19. Jahrhunderts bei der Gattin des Kölner Unternehmers Arthur von Schnitzler. Beim Anblick eines der durch viele kleine Türmchen, Zinnen, Dachgauben, Säulen und Erker geschmückten Ensembles rief sie aus: »So ein Schloss möchte ich auch haben!«

Der Geschäftsmann ließ sich nicht zweimal bitten und versprach seiner Angetrauten, ein so märchenhaft wirkendes Bauwerk irgendwo in Deutschland in Auftrag zu geben. Im Berliner Architekten Hans Grisebach fand er einen erfahrenen Spezialisten und mit der Landenge zwischen der Müritz und dem Kölpinsee einen idealen Platz. So erhielt das kleine Dorf Klink, dessen Namen sich aus dem Slawischen ableitet und so viel wie »Keil« oder »Winkeldorf« bedeutet, zwischen 1896 und 1898 ein wahres Schmuckstück. Es braucht keinen Vergleich mit den echten Loire-Schlössern zu scheuen.

Auch wenn nicht alle Einzelheiten der schönen Geschichte verbürgt sind, steht an der Müritz doch seit dieser Zeit ein besonderes Juwel. Das glänzt heute am schönsten, wenn nach Einbruch der Dunkelheit die Scheinwerfer eingeschaltet werden und auf dem See die Dampfer vorbeifahren. Dann ist das Bild von einem Traumschloss nahezu perfekt.

Dennoch stellte sich bei den jeweiligen Eigentümern nicht automatisch das Glück ein. Die ersten Besitzer, Arthur und Hedwig von Schnitzler, dürften noch ausgelassen gefeiert haben, entschieden sie sich doch 1912 für den Anbau eines Bankettsaales. Aber 1945 verlor die Familie, zu der auch der in Ost und West bekannte und 2001 verstorbene Propagandist Karl Eduard von Schnitzler (»Der schwarze Kanal«) gehörte, sämtliches Eigentum. Im Schloss wohnten nun Flüchtlingsfamilien, die später in Wohnblöcke zogen, die bis heute an der Zufahrt stehen.

Im Anschluss diente das Haus als Schulungs- und Erholungsheim eines Volkseigenen Betriebes aus Neubrandenburg. Größere Schäden stellten sich erst nach dem Verkauf der Immobilie

◂ Schloss Klink

durch die Treuhandanstalt kurz nach der Wiedervereinigung an einen Investor aus Bad Homburg ein. Dieser konnte sich ebenfalls nicht gegen den Charme des Schlosses wehren und plante ein 120 Millionen DM teures Luxus-Ferienresort. Doch bis auf das Anbringen eines Baustellenschildes passierte nichts. Bald wandelte sich das Traumschloss zum Schandfleck, richtete der Vandalismus doch immer größere Schäden an.

Erst 1995 handelte die Treuhand und bot das Haus erneut zum Kauf an. Unter 24 Interessenten setzten sich Ernst Walloschke und sein Sohn Guido durch. Beide hatten im nicht weit entfernten Schloss Groß Plasten bewiesen, dass sie zu ihrem Wort stehen. Doch alle Hoffnungen auf einen Aufschwung schienen zu platzen, als keine drei Monate nach dem Baubeginn im Herbst 1997 Ernst Walloschke verstarb. Zum Glück bekannte sich seine Witwe zum Ver-

Der Gast genießt ein stilvolles Ambiente.

mächtnis und so konnte das Schlosshotel im Sommer 1998 seine Pforten für die Gäste öffnen.

Inzwischen sind eine Orangerie und diverse Residenzen hinzugekommen. Durch einen unterirdischen Gang gelangen die Schlossgäste zum Wellnesscenter. Der Blick aus dem Schwimmbad fällt auf die Müritz und die gelungene Kopie eines Vorbildes von der Loire.

STECKBRIEF

Schloss Klink
Nach dem Vorbild der Schlösser an der Loire lässt sich der Kölner Unternehmer Arthur von Schnitzler zwischen 1896 und 1898 das Gebäude am Ufer der Müritz errichten. Architekt ist Hans Grisebach aus Berlin. 1912 folgt der Anbau des Bankettsaals. Bis 1945 bleibt das Schloss im Besitz der Familie von Schnitzler. Sie flieht in den Westen. Im Haus werden Flüchtlingsfamilien einquartiert. Für sie entstehen viele Jahre später einige Wohnblöcke an der Zufahrt zum Schloss. 1965 übernimmt der VEB Wasserversorgung und Abwasserbehandlung Neubrandenburg die Rechtsträgerschaft. Sechs Jahre später öffnet ein »Schulungs- und Erholungsobjekt« mit 40 Zimmern für 103 Urlauber seine Türen. Die Wende macht aus dem »Trägerbetrieb« die Neubrandenburger Wasser AG. 1991/92 verkauft die Treuhandliegenschaftsgesellschaft das Schloss als »nichtbetriebsnotwendige Immobilie« an Karl E. Brenner aus Bad Homburg, der ein Luxus-Ferienresort plant. Er zahlt zwar den Kaufpreis, beginnt aber nicht mit den angekündigten Arbeiten.
Das Schloss erleidet in den folgenden vier Jahren erhebliche Vandalismusschäden. Die Treuhandanstalt beginnt 1995 ein Investorenaustauschverfahren. Unter 24 Interessenten setzen sich Ernst Walloschke und sein Sohn Guido durch. Sie erhalten am 30. März 1996 den Zuschlag. Kurz nach Beginn der Bauarbeiten verstirbt Ende 1997 Ernst Walloschke. Seine Hinterbliebenen setzen das angefangene Werk fort, und ab Juli 1998 erstrahlt das Schloss in altem Glanz.
Service: Schlosshotel Klink, Schlossstraße 6, 17192 Klink
Telefon 03991/74 70
www.schlosshotel-klink.de
Anreise: Auf der A 19 bis zur Ausfahrt Waren und von dort weiter auf der B 192 in Richtung Waren. 6 Kilometer vor der Kreisstadt zweigt die Zufahrt zum Schloss nach rechts ab.

Gutshaus Ludorf

Kleine Wiederauferstehung des ursprünglichen Slawenstammes

Zu den schönsten Erlebnissen in der Mecklenburgischen Seenplatte zählt eine Radtour rund um die Müritz. Die stellt zwar mit einer Länge von rund 90 Kilometern gewisse Ansprüche an den Freizeitradler, aber dank der Fahrgastschifffahrt kann ein Teil der Strecke auf dem Wasser zurückgelegt werden. Wer darauf verzichten will, lässt sich einfach vom Reiz der Strecke, den wechselnden Ein- und Ausblicken auf das »kleine Meer« – so die Übersetzung des slawischen Wortes »Müritz« – oder von den vielen Rast- und Einkehrmöglichkeiten zum Durchhalten motivieren. Einige dieser stattlichen Häuser könnten sogar den Zusatz »hochherrschaftlich« oder »adlig« tragen. Ihre Erbauer sind Großgrundbesitzer oder reiche Industrielle. Klink, Göhren-Lebbin am Kölpinsee,

Gutshaus Ludorf

Die rote Klinkerfassade verweist auf dänische Vorbilder für das Gutshaus.

Gotthun, Leizen, Federow und Ludorf gehören dazu, wobei das letztgenannte Gutshaus nicht nur bei Radtouristen einen sehr guten Ruf genießt.

In allen Jahreszeiten schätzen Urlaubs- und Wochenendgäste die komfortable Lage. Der Gutspark mit seinen teilweise uralten Bäumen grenzt direkt an die Müritz und damit auch an den Radweg. Vom Bootsanleger mit seinen 40 Liegeplätzen für Haus- und Segelboote oder auch Yachten sind es nur 800 Meter bis zum Gutshaus, das die privaten Eigentümer nach Abschluss der zwei Jahre dauernden Restaurierungsarbeiten im Jahr 2000 mit dem Zusatz »Schlosshotel« versahen.

Das erscheint durchaus verständlich, obwohl das Herrenhaus Ludorf im Unterschied zum nicht weit entfernten Klink nie als Schloss galt oder so genannt wurde. Aber 22 Zimmer und eine Hochzeitssuite, mehrere Räume für Feierlichkeiten und ein großzügiges Restaurant, das bei schönem Wetter auch Plätze unter freiem Himmel anbietet, berechtigen durchaus zu dieser Bezeichnung.

Das Gutshaus fällt nicht nur wegen der roten Farbe und der eigentlich für

Dänemark üblichen Klinkerrenaissancefassade auf, sondern auch wegen des Restaurantnamens. »Morizaner« steht über der Eingangstür und auf der Speisekarte. Mit dem üblichen Schulwissen lässt sich kaum eine Erklärung für dieses Wort finden, aber es weist zumindest einige Ähnlichkeiten mit dem Namen »Müritz« auf. Die Hoteleigentümer wissen es genau, ließen sie doch in der Geschichte des Dorfes und des Hauses forschen. Demnach gab sich ein an der Müritz lebender slawischer Stamm diesen Namen. Die in das große Gewässer hineinreichende Halbinsel »Steinhorn« weist noch Reste slawischer Wallanlagen zur Verteidigung der Siedlung auf. Mehr als 1000 Jahre später diente der Stamm also als Namengeber für die gastliche Stätte.

STECKBRIEF

Gutshaus Ludorf
Adam Levin von Knuth, der aus einem alten mecklenburgischen Adelsgeschlecht stammt, lässt das Gutshaus 1689 im Stil der dänischen Klinkerrenaissance erbauen. Er wuchs zusammen mit seinem Bruder als Page am Hofe des dänischen Königs und in enger Freundschaft mit dem Thronfolger Christian V. auf. Adam Levin erhält später den bedeutsamen Posten des Oberkammerjunkers (Ministerpräsident).
1832 stirbt mit Joseph Ernst von Knuth der letzte männliche Knuth in Deutschland. Seine einzige Tochter Bertha lernt 1838 den Leutnant im 1. Garde-Ulanen-Regiment Wilhelm von Schulse kennen. Nach der Eheschließung modernisiert das Paar das Gutshaus und lässt den kleinen Barockgarten zu einem englischen Landschaftsgarten umgestalten, der bis an die Müritz grenzt. Anfang des 20. Jahrhunderts heiratet die Tochter von Bertha Knuth, Beate Schulse, in den mecklenburgischen Uradel von Bülow ein. Die Familie wird 1945 im Zuge der Bodenreform enteignet. Es folgt die Einquartierung sowjetischer Soldaten; später beziehen Flüchtlingsfamilien aus dem Osten das Anwesen. Das Gut wird zu DDR-Zeiten zum Mittelpunkt einer Landwirtschaftlichen Produktionsgenossenschaft (LPG). Nach der Wende wird das Haus teilweise leer gezogen und dem Verfall preisgegeben. 1998 kauft Familie Achtenhagen das Gutshaus und das Wirtschaftsgebäude. 2000 eröffnet sie ihr Schlosshotel.
Service: Schlosshotel Gutshaus Ludorf, 17207 Ludorf/Müritz
Telefon 039931/84 00
www.gutshaus-ludorf.de
Anreise: Auf der A 19 Berlin – Rostock bis zur Ausfahrt Röbel, dann weiter auf der Landstraße bis nach Ludorf. Der Müritz-Radweg führt direkt am Gutshaus vorbei.

MECKLENBURGISCHE SCHWEIZ / ÖSTLICHE SEENPLATTE

Schloss Kittendorf

Suche nach Lenné am Mecklenburger Amazonas

Beim Blick von der schmalen Brücke auf den gemächlich dahinfließenden Wasserlauf stellt sich unbewusst ein Lächeln ein. Womit hatte der Autor des Reiseführers den unscheinbaren Fluss doch verglichen? Mit dem Amazonas? Größenwahnsinniger ging es wohl nicht, auch wenn der gute Mann dafür mit dem Finger auf der Landkarte vom kleinen Kittendorf etwas nach Norden wanderte. Im schiffbaren Abschnitt zwischen Malchin und der Mündung bei Anklam ähnele die Peene mit ihren urwüchsigen Ufern zumindest teilweise dem großen Strom in Südamerika, meinte er. Sein Augenzwinkern war allerdings nicht zu übersehen. Manchmal muss man eben der Natur etwas nachhelfen.

Das sagten sich vor 150 Jahren auch die Gestalter des Schlossparks von Kittendorf. Sie stauten die Peene hier kurzerhand an und erfreuten ihre Auftraggeber mit einem kleinen See, zwei Inseln und einem Wasserfall. Letzterer hält zwar kaum einem Vergleich mit bekannten Naturschauspielen dieser Art stand, aber er überrascht die Besucher fast genauso sehr wie der Vergleich der Peene mit dem Amazonas.

Gartenbauexperten halten diesen starken Eingriff in die Landschaft für einen entscheidenden Hinweis auf das Genie namens Peter Joseph Lenné. Auf ihn soll nämlich die Idee mit der Peene, den vielen Brücken, der am Schloss beginnenden vierreihigen Lindenallee und den verblüffenden Sichtachsen zurückgehen. Es ist zwar trotz intensiver Suche kein Plan mit einer Unterschrift dieses überaus bekannten Landschaftsarchitekten gefunden worden, aber deswegen lassen sich die Kittendorfer längst nicht ihren Lenné streitig machen.

Sie verweisen auf das Wirken des Meisters in den nahe gelegenen Parkanlagen von Bredenfelde und Varchentin sowie auf die Verbindungen des damaligen Schlossherren zum Potsdamer Hof. Jener Hans Friedrich von Oertzen ließ das Schmuckstück zwischen 1848 und 1853 im damals so beliebten englischen Tudorgotikstil erbauen. Als

◂ Schloss Kittendorf

»Königlich Preußischer Lieutnant« müsste er in der Residenzstadt und im benachbarten Berlin ganz zwangsläufig mit dem Direktor der königlichen Gärten in Kontakt gekommen sein, lautet die einleuchtende Erklärung. Außerdem gilt Kittendorf als Pendant zum Babelsberger Schloss. Dessen Entwurf stammt nachweislich vom berühmten preußischen Baumeister Karl Friedrich Schinkel. Einer seiner Schüler, Friedrich Hitzig, zeichnete die Pläne für Kittendorf. Der Park in Babelsberg trägt wiederum markante Züge von Lenné, auch wenn die beeindruckende Anlage nach Unstimmigkeiten mit dem späteren König und deutschen Kaiser Wilhelm I. und dessen Gemahlin Augusta durch seinen Konkurrenten Fürst Pückler-Muskau vollendet wurde.

Wer dennoch Zweifel an der Urheberschaft Lennés hegt, wird auf den wohl bedeutendsten mecklenburgischen Archivar des 19. Jahrhunderts verwiesen – auf Georg Christian Friedrich Lisch. In den von ihm herausgegebenen Jahrbüchern des Vereins für Mecklenburgische Geschichte und Altertumskunde sowie in gesonderten Werken beschäftigte er sich selbstverständlich auch mit Kittendorf.

Die entscheidende Passage zu Lenné entdeckten die neuzeitlichen Historiker aber nicht etwa beim mitunter ermüdenden Studium dicker Wälzer oder verstaubter Akten. Tatsächlich machten Bauleute 1994 bei den Sanierungsarbeiten des Gebäudes einen märchen-

Ein Haus im schönsten Tudorstil

haft klingenden Fund. Sie stießen auf eine Flasche mit uralten Dokumenten, die sich als sehr wertvoll und beweiskräftig erweisen sollten. Denn darin lobte kein Geringerer als der anerkannte Archivar Lisch den Bau des neuen Schlosses in Kittendorf. Das Terrain eigne sich ausgezeichnet zur Anlegung eines reizvollen Wohnsitzes um 1850, wobei der jetzige Inhaber »bewährte Kräfte der Bau- und Gartenkunst aus Berlin« herbeigezogen habe. Das konnte sich nur auf Lenné oder seinen großen Stab beziehen, lautete schon damals die kühne Schlussfolgerung.

In der Vermarktung der heute vorwiegend als Hotels genutzten Schlösser und Gutshäuser Mecklenburgs spielen Verweise auf bekannte Persönlichkeiten oder besondere historische Ereignisse oft eine nicht zu unterschätzende Rolle.

Hausprospekte, Internetauftritte, Chroniken oder Broschüren lesen sich dann gleich anders, wecken die Neugierde und damit die Lust auf einen Besuch. Der heutige Eigentümer von Kittendorf kann sich glücklich schätzen, dass er sein Anwesen im Unterschied zu zahlreichen Gutshäusern ganz zu Recht »Schloss« nennen darf. Die mecklenburgischen Großherzöge persönlich erteilten dafür die Erlaubnis, als Anerkennung für das Wirken des Kammerherren Hans Friedrich von Oertzen am Mecklenburg-Strelitzer Hof.

Wer heute das manchmal als »Neuschwanstein en miniature« bezeichnete Bauwerk an der Straße zwischen Waren und Stavenhagen besucht, kann die Zerstörung jeden inneren und äußeren Glanzes nach 1945 kaum wahrnehmen. Aber nach der Enteignung des letzten Schloss- und Gutsherren im Zuge der Bodenreform blieb zumindest im Innern kaum ein Stein auf dem anderen. Die LPG-Verwaltung und eine Berufsschule des Volkseigenen Gutes Tierzucht nahmen keine Rücksicht auf die für ein Schloss aus dem 19. Jahrhundert übliche Raumaufteilung. Die kostbare Ausstattung samt Möbel und Gemälde verschwand auf Nimmerwiedersehen. Der 1988 begonnene und zwei Jahre später abgebrochene Umbau zur Parteischule machte aus Kittendorf fast eine Ruine, ehe der Berliner Johann Trettler nach der Wende auf einer Geschäftsreise als Versicherungsunternehmer das Schloss entdeckte. Er verliebte sich in den Bau, kaufte auf Auktionen in ganz Europa Antiquitäten zusammen und eröffnete 1995 das Hotel. Der Blick vom Restaurant in den Festsaal und die als Café genutzte Orangerie besitzen Seltenheitswert.

Orangerie und Café

Nach dem Tod von Johann Trettler führte dessen Sohn Constantin die Geschäfte weiter, bis er Ende 2011 das Schloss an eine Hamburger Kommanditgesellschaft verkaufte. Diese begann mit größeren Umbauarbeiten. Erhalten bleibt aber auf jeden Fall das Standesamt in der originalgetreu hergerichteten Bibliothek. Von dort fällt der Blick in den Garten mit der kleinen Peene, die im Unterlauf auch »Amazonas des Nordens« genannt wird.

STECKBRIEF

Schloss Kittendorf
Das schlossartige Herrenhaus lässt sich Hans Friedrich von Oertzen, Kammerherr am Mecklenburg-Strelitzer Hof, in den Jahren 1848 bis 1853 durch den Architekten Friedrich Hitzig erbauen. Der Schüler des preußischen Baumeisters Schinkel entscheidet sich für den damals verbreiteten Tudorstil. Hitzig ist auch für den Schlossbau im benachbarten Bredenfelde zuständig. Als Vorbild für Kittendorf dient Schloss Babelsberg in Potsdam. Bis heute künden repräsentativ ausgestattete Räume wie der Gartensaal, der Speisesaal und der Kleine Salon vom Können des Architekten. Der gleichzeitig mit dem Schlossbau angelegte englische Landschaftspark soll auf den renommierten Gartenbaumeister Peter Joseph Lenné zurückgehen. Er entspricht heute wieder weitgehend dem Aussehen in der Mitte des 19. Jahrhunderts. Die Großherzoge von Mecklenburg-Strelitz sind oft und gern Gast in Kittendorf. Sie erteilen schließlich die Erlaubnis, das schöne Anwesen als Schloss zu bezeichnen.
Im April 1945, kurz vor Kriegsende, flüchtet der letzte Guts- und Schlossherr in den Westen. Im Zuge der Bodenreform verliert die Familie von Oertzen ihr Eigentum. Das Schloss wird danach unterschiedlich genutzt, zuletzt als Internat einer Berufsschule. Nach der Wende 1989 steht der ganze Komplex bis 1993 leer und verfällt. Der Berliner Unternehmer Johann Trettler entdeckt das wie ein Dornröschenschloss anmutende Haus, erwirbt es von der Treuhand und eröffnet 1995 ein Hotel. Die Inneneinrichtung kauft er in ganz Europa zusammen. Als besonderes Schmuckstück entpuppt sich bald die Bibliothek, die heute als Trauzimmer dient. Nach dem Tod von Johann Trettler im Jahre 2004 wird sein Sohn mit 24 Jahren einer der jüngsten Schlossherren Europas.
Service: Schloss-Hotel Kittendorf, 17153 Kittendorf
Telefon 039955/500
www.schloss-kittendorf.de
Anreise: Auf der Autobahn A 19 in Richtung Rostock bis zur Ausfahrt Waren (Müritz), von dort auf der B 192 in Richtung Neubrandenburg bis Klein Plasten. Hier geht es weiter auf der B 194 in Richtung Stavenhagen direkt bis nach Kittendorf. Aus dem Norden kommend empfiehlt sich die Ausfahrt Güstrow auf der A 19. Nun auf der B 104 weiter in Richtung Neubrandenburg bis Stavenhagen, dann auf der B 194 in Richtung Waren/Müritz bis nach Kittendorf.

Die repräsentative Fassade von Schloss Groß Plasten

Groß Plasten

Eine Kirche dank Heirat des Schlossherrn

An Dörfern mit identischen Namen, die sich nur durch die Vorsilben »Groß« und »Klein« unterscheiden, mangelt es auch in Mecklenburg nicht. Bei einem Paar haben sich vor gut 100 Jahren fast dramatische Szenen abgespielt. Die Gutsherren von Klein und Groß Plasten, deren Anwesen nur der Klein Plastener See trennte, gerieten in einen heftigen Streit um jenes Gewässer. Der gipfelte in einer Verfügung der im Klein Plastener Herrenhaus residierenden Familie von Blücher: Die Groß Plastener dürfen nicht mehr in die Kirche des Nachbarortes. Doch guter Rat war für den Schlossherrn von Groß Plasten offenbar nicht teuer. Friedrich von Michael, durch die Heirat mit der Großindustriellentochter Else Haniel zu erstaunlichem Reichtum gekommen, traf eine kühne Entscheidung. Er ließ für Groß Plasten in Sichtweite des Schlosses eine stattliche Kirche im Barockstil errichten, die 1901 geweiht wurde. Die Chronik hebt aus der prächtigen Innenausstattung vor allem das Kreuz mit dem geschnitzten Jesus hervor, das sogar auf der Weltausstellung 1900 in Paris prämiert worden war.

So kann im Nachhinein der Streit zwischen den beiden Herrschaften fast als Glücksfall für Groß Plasten bezeichnet werden. Der Besucher erlebt heute ein maßgeblich vom Gutsherrn um 1900 geprägtes Musterdorf mit Kirche, Landarbeiterhäusern, Schule und dem Schloss als Mittelpunkt. Dieses 1751 erbaute Anwesen erhielt sein überraschend repräsentatives Aussehen erst durch die wohlhabende Familie Friedrich von Michael vor rund 100 Jahren. Vielleicht wollte sie mit den Anbauten auch nur den Konkurrenten in Klein Plasten übertrumpfen. Auf jeden Fall können sich die Betreiber des 1995 eröffneten Hotels und die Gäste über einen harmonisch angefügten Querbau, eine schöne Seeterrasse und einen großen Park freuen. Ein Rondell mit einem Springbrunnen und eine stattliche Vorfahrt passen zum Neobarockstil des Schlosses.

Wer sich auf diesem Weg dem Gebäude nähert, sich vom mit Goldstuck verzierten »Barocksaal Mecklenburg« faszinieren oder den holzvertäfelten Raum »Pommern« auf sich wirken lässt, ahnt kaum die Zäsur, die auch Groß Plasten mit der Bodenreform 1945 erlebte. Schon während des Krieges diente das Haus als Lazarett. Nach dem Einmarsch der sowjetischen Truppen bezogen sie hier Quartier, bis dann Flüchtlingsfamilien, eine Berufsschule mit Internat, Arztstation und Gemeindebibliothek folgten. Die Wende 1989 führte zum dreijährigen Leerstand.

Den beginnenden Verfall stoppte das Essener Ehepaar Ernst und Marga Waloschke, das das Anwesen 1994 erwarb. Wenig später empfing es die ersten Hotelgäste. Im Laufe der Zeit entstanden stilgerecht hergerichtete Gemächer mit so schönen Namen wie »Madame Pompadour«, »Napoleon« und »Rosenkavalier«. Die Restaurantgäste können sich ihren Hummer gleich aus einem vor dem Eingang aufgestellten Bassin aussuchen und im festlichen Ambiente verspeisen. Wer es gemütlich wünscht, zieht sich in das Kaminzimmer zurück. Der Gewölbekeller beherbergt die Vinothek »Chateau Plasten«.

Der Raum »Pommern« mit dem Delfter Kachelbild über dem Kamin

Im Sommer ist die große Terrasse natürlich ein bevorzugter Ort.

In einem so alten und teilweise verwinkelten Schloss muss aber auch der wellnessbewusste Gast auf nichts verzichten. Im Keller befindet sich ein Pool im griechisch-römischen Stil und ein Entspannungstempel mit Sauna, Massageräumen sowie Tepidarium, einem angenehm temperierten Aufenthaltsraum. Nicht zuletzt wegen dieser Angebote hat Groß Plasten endgültig den einst erbittert geführten Wettstreit mit Klein Plasten gewonnen.

STECKBRIEF

Groß Plasten
Die älteste urkundliche Erwähnung von Schloss Groß Plasten und seinem Eigentümer, dem Regierungsrat von Normann, stammt von 1790. Aber das Haupthaus hat er vermutlich schon rund 40 Jahre früher erbauen lassen. Ein Leutnant von Saldern kauft es um 1800. Eine neue Ära beginnt 1850: Der Amtshauptmann Friedrich Heinrich Christian von Michael erwirbt das Schloss. Er besitzt bereits Schloss Ihlenfeld bei Neubrandenburg, sodass er Groß Plasten seinem Erben Friedrich von Michael überlässt. Dieser heiratet Else Haniel, Tochter des Großindustriellen Julius Haniel.

Die vermögende Dame lässt den Querbau im Stil des Neobarock mit großer Seeterrasse und angrenzendem Park errichten. Außerdem entstehen in der Nachbarschaft eine Schule, Wohnungen für Arbeiter und eine Kapelle im Renaissancestil. Das Kreuz mit dem geschnitzten Christus wird 1900 auf der Pariser Weltausstellung prämiert.

Im Zweiten Weltkrieg dient das Schloss als Lazarett. Nach Kriegsende 1945 ziehen zunächst die sowjetische Kommandantur und danach Flüchtlingsfamilien ein. Der letzte Erbe wird im Zuge der Bodenreform enteignet. Zwischen 1951 und 1991 beherbergt das Schloss eine Landwirtschaftsschule und ein Internat, die Gemeindeverwaltung, eine Arztstation und eine Bibliothek. Danach verfällt das Anwesen wegen eines dreijährigen Leerstands. 1994 werden die Eheleute Ernst und Marga Walloschke die neuen Eigentümer; am 1. Juli 1995 erfolgt die Hoteleröffnung.

Service: Schlosshotel Groß Plasten, Parkallee 36, 17192 Groß Plasten
Telefon 039934/80 20
www.schlosshotel-grossplasten.de

Anreise: Auf der Autobahn A 19 bis zur Ausfahrt Waren (Müritz), weiter auf der B 192 durch Waren in Richtung Neubrandenburg bis zur Kreuzung mit der B 194 in Klein Plasten. Die Zufahrt nach Groß Plasten zweigt kurz dahinter rechts ab.

Schloss Ulrichshusen

Schloss Ulrichshusen

Von der Ruine zur Festspielstätte

Wer sich zu einem fast 450 Jahre alten Schloss auf den Weg macht, wünscht sich meist besondere Begegnungen, Überraschungen oder unerwartete Ein- und Ausblicke. Erst recht stellt sich eine solche Erwartung beim Blick auf ein Foto von Schloss Ulrichshusen ein. Das Haus hält zwar keinem Vergleich mit den reich verzierten und geschmückten Märchenschlössern in der Umgebung stand, aber der schlichte Bau wirkt nicht weniger geheimnisvoll und sehr, sehr alt. Man könnte sich schon beim ersten Blick glatt darin verlieben.

Fast wäre es während eines Ausflugs dorthin allerdings gar nicht zur persönlichen Augenscheinnahme gekommen. Die Hoffnung auf ungewöhnliche Ereignisse sollte sich schon vor dem Öffnen der Schlosstür erfüllen. Zunächst zwang eine unbekümmert die schmale Landstraße überquerende Entenfamilie zum plötzlichen Bremsen. Wenn es bis dahin noch eines Beweises für die Ruhe, Abgeschiedenheit oder gar Idylle bedurft hätte, so lieferte ihn das Federvieh zwischen Moltzow und Ulrichshusen.

Auch der zweite Zwischenfall war tierischer Art, jedoch anfangs nicht ganz so amüsant. Ein großer Hund zeigte vor der Autotür so bedrohlich seine Zähne, dass ein Aussteigen zunächst nicht in Frage kam. Selbst ein Ablenkungsmanöver auf der Beifahrerseite zeigte keinen Erfolg. Erst das nachlassende Interesse des Vierbeiners beendete das Geduldsspiel, auch wenn er die Fremden während der nachfolgenden Erkundung des geschichtsträchtigen Terrains ständig im Auge behielt.

Wie sich später herausstellte, gehört der äußerst verspielte und damit völlig harmlose Hund den Schlossherren Alla und Helmuth von Maltzahn. Sie zählen zu den wenigen Nachkommen von Alteigentümern, die ihren einstigen Familiensitz nach der Wende übernahmen und ihn für viel Geld wieder herrichteten. In der Mehrzahl der Fälle verhinderte die Anerkennung der Bodenreform von 1945 einen Neubeginn im Sinne der Familientradition. Eine unentgeltliche Rückübertragung des alten Eigentums fand nur in Einzelfällen statt. Meistens fehlten den Familien für den Erwerb der Schlösser und Herrenhäuser schlichtweg das Geld oder der Mut für ein »Abenteuer im Osten«.

Das Schloss, heute Hotel und Festspielort

Der Mut der Maltzahns überrascht aus zweierlei Gründen. Zum einen endete die direkte Linie des Schlosserbauers Ulrich von Maltzahn schon 1772, wenn auch die Chronik noch bis 1841 einen Familiennamen Maltzahn vermerkt. Danach aber hatten andere Herren das Sagen. Zum anderen bot Ulrichshusen nach der Wende ein so bedauernswertes Bild, dass ein Engagement als völlig abwegig erscheinen musste. Ein Brand hatte 1987 das bis dahin zu den schönsten Renaissanceschlössern Mecklenburgs zählende Anwesen fast völlig zerstört. Es hätte also für die Maltzahns weit weniger aussichtslose Fälle gegeben. Doch sie entschieden sich ganz bewusst für den alten Familiensitz und landeten damit einen unerwarteten Glückstreffer.

Kaum ein anderes Landschloss, noch dazu so abseits der Hauptverkehrswege gelegen, ist derart bekannt wie Ulrichshusen. Das gelang, weil es inzwischen eine der beliebtesten Spielstätten der Festspiele Mecklenburg-Vorpommern geworden ist. Zwischen Juni und September finden in der Feldsteinscheune und im Festsaal des Schlosses hochkarätige Veranstaltungen statt. Wer rechtzeitig bucht, kann im Schlosshotel auch übernachten und beim Frühstück einen besonderen Ausblick genießen, denn

Kaffee und Büffet werden im verglasten Aufsatz des Treppenturmes serviert. In dieser harmonischen Ruhe stellt sich das Schmunzeln bei der Erinnerung an die ungewöhnlichen Erlebnisse während der Anfahrt gleich von selbst ein.

STECKBRIEF

Schloss Ulrichshusen
Schon seit Mitte des 14. Jahrhunderts gehören die Gebiete südlich und östlich des Malchiner Sees dem angesehenen Geschlecht von Maltzahn (alte Schreibweisen: Maltzan und Moltzahn). 1562 entschließt sich Ulrich von Maltzahn zum Bau einer repräsentativen Anlage am Südufer des Ulrichshusener Sees.
Im Verlauf des Dreißigjährigen Kriegs brennt das Schloss 1624 teilweise ab. Zwei Jahre später baut es Berend-Ludolph von Moltzahn (Maltzahn), Wallensteins Generalkommissar für Mecklenburg, wieder auf. Dieses Amt bringt ihm den Vorwurf des Landesverrats ein; er wird des Landes verwiesen. Seine Brüder verpfänden das Schloss 1649 für 30 Jahre an den schwedischen General Carl Didriksson Ruth (auch Rutt). Es folgen verschiedene Eigentümer, unter anderem die Maltzahns auf Grubenhagen und auf Militsch. 1929 fällt das Schloss an die Grafen von Bassewitz-Schlitz.
Nach Kriegsende 1945 wird die Familie Bassewitz enteignet. Es ziehen Flüchtlingsfamilien ein, später eine Konsum-Verkaufsstelle. 1976 verlassen die letzten Familien das baufällig gewordene Gebäude. 1983 beginnt eine Notsicherung. Ein Brand im Februar 1987 zerstört das Schloss in weiten Teilen. Von 1993 an restauriert die Familie von Maltzahn das alte Schmuckstück in Zusammenarbeit mit dem Landesamt für Denkmalpflege, der Deutschen Stiftung Denkmalschutz und der Deutschen Bundesstiftung Umwelt. Seit 1994 finden im Schlosssaal und in der Feldsteinscheune Konzertaufführungen im Rahmen der Festspiele Mecklenburg-Vorpommern statt. 2001 öffnet das Hotel.
Service: Schloss Ulrichshusen, Seestraße 14, 17194 Ulrichshusen
Telefon 039953/79 00
www.gut-ulrichshusen.de
Anreise: Auf der Autobahn A 19 in Richtung Rostock bis zur Abfahrt Waren (Müritz), von dort weiter auf der B 192 bis nach Waren, dann auf der B 108 in Richtung Teterow bis nach Moltzow. Hier zweigt eine kleine Straße nach Rambow und Ulrichshusen ab. Von Norden kommend empfiehlt sich die A 19 bis zur Ausfahrt Linstow. Von hier geht es nach Osten bis zur B 108, in die man nach rechts (Richtung Waren) einbiegt. In Moltzow trifft man auf die Straße nach Ulrichshusen.

TOUR 7

ZWISCHEN ROSTOCK UND STRALSUND

Jagdschloss Gelbensande

Ein Hauch vom Zarenreich in der Rostocker Heide

Die Sprache der Bauarbeiter kam schon immer ohne bedeutungsschwere Floskeln oder Phrasen aus. In dieser rauen Branche sagt ein kurzer Satz oft mehr als eine lange Abhandlung. So verhält es sich auch bei jenem ausdrucksstarken Satz, der bei der Dachstuhlsanierung des Jagdschlosses Gelbensande entdeckt wurde: »Der Baurat Möckel ist ein großes Rindvieh.«

Was den Schreiber zu dieser Botschaft für die Nachwelt veranlasst haben könnte, bleibt für immer sein Geheimnis. Seine Kollegen fühlten sich wohl weniger behelligt durch den in Zwickau geborenen und zuvor an vielen Orten tätigen Architekten Gotthilf Ludwig Möckel. Sie schrieben auf die Bretter höchstens ihre Namen, das Datum ihres Eintrags oder auch »Gott segne das Fürstenhaus«. Die Umsetzung des ungewöhnlichen Entwurfs für das Schloss in der Rostocker Heide ab 1885 muss tatsächlich einige besondere Anforderungen an die Bauleute gestellt haben. Denn einen solchen Mix aus englischem Landhaus, russischen Bojaren- und Hexenhäusern, gepaart mit der mecklenburgischen Schlichtheit, gab es vorher noch nicht.

Das Jagdschloss illustriert wie kaum ein anderes Bauwerk die weit verzweigten Verwandtschaftsbeziehungen des europäischen Adels im 19. und am Beginn des 20. Jahrhunderts. Der Auftraggeber, der Großherzog zu Mecklenburg-Schwerin, Friedrich Franz III., war mit der russischen Großfürstin und Zarenenkelin Anastasia Michailowna verheiratet. Deren Vater, der Zarensohn Michail Nikolajewitsch Romanow, unterstützte mit einer beträchtlichen Geldspritze den Bau inmitten des großen Waldgebietes nahe der Ostseeküste.

Der Einsatz soll durchaus nicht nur Ausdruck einer besonders ausgeprägten Vaterliebe gewesen sein. Vielmehr habe sich der Herrscher aus dem Zarenreich die zeitweilige Nutzung dieses schönen mecklenburgischen Fleckens zur Erholung und zur Jagd gesichert, heißt es in zeitgenössischen Berichten. Dazu passt die Episode, wonach die stilvolle Überdachung der Außentreppe erst nach dem ausdrücklichen Wunsch von Michail Romanow

◂ **Jagdschloss Gelbensande**

gebaut wurde. Ob dahinter aber wirklich der Anspruch des Zarensohns steckte, die Kutsche oder das Haus jeweils trockenen Fußes zu erreichen, wird wohl nie zu klären sein. Aber als Legende macht sich die Geschichte bei Führungen durch das Haus ganz gut. Auf jeden Fall können die Besucher bis heute an mehreren Stellen den russischen Doppeladler als schmückendes Element entdecken.

Auf Romanow soll auch die Lobpreisung des Gelbensander Forstes als »irdisches Paradies« zurückgehen. Des Vaters waidmännische Qualitäten haben sich wohl auch auf Anastasia vererbt. In der Trophäensammlung hängt ein ungerader Zehnender mit ihrem Namen und dem Datum 3. Oktober 1894.

Zwei Jahrzehnte später bot das Jagdschloss eine stilvolle Kulisse für ein europaweit beachtetes Ereignis. Die jüngste Tochter von Anastasia und dem Großherzog Friedrich Franz III., Herzogin Cecilie Auguste Marie zu Mecklenburg, verlobte sich dort am 4. September 1904 mit dem preußischen Kronprinzen Friedrich Wilhelm. Zu den Gästen gehörten auch Vertreter des dänischen Königshauses, mit dem durch diese Verbindung nun eine verwandtschaftliche Beziehung zum künftigen deutschen Kaiser bestand. Prinz Christian, der spätere dänische König, hatte sechs Jahre zuvor die ältere Tochter von Anastasia und Franz III., die Herzogin Alexandrine, geheiratet.

Ein Schmuckstück aus Fachwerk mit einem Hauch Russland

Cecilie zog ein Jahr später mit ihrer Familie nach Potsdam. Doch die Erinnerung an die schöne Kinder- und Jugendzeit hatte einen so starken Eindruck hinterlassen, dass sie sich für ihr Wohnschloss am Rande der Preußenresidenz eine ähnliche Architektur wie in Gelbensande wünschte. Tatsächlich gleicht Schloss Cecilienhof, das 1945 durch das Treffen der Siegermächte und das von ihnen hier unterzeichnete Potsdamer Abkommen berühmt geworden ist, dem Mecklenburger Anwesen in vielen Details. Während jenes Haus am Rande des Neuen Gartens heute zu den besten Brandenburger Hotels zählt und Besucher hier nur die historischen Räume besichtigen können, öffnet der Förderverein von Gelbensande das gesamte Schloss der Öffentlichkeit.

Die staunt meist nicht schlecht, wenn sie die einstige Lieblingsresidenz der Mecklenburgischen Landesfürsten ganz ohne die in vielen Museumsschlössern vorgeschriebenen großen Filzpantoffeln erkunden darf. Aber hier müssen weder ein wertvolles Eichenparkett noch ein Spiegelsaal mit einem Marmorfußboden geschont werden. Eher stellt sich rasch das Gefühl ein, dass in diesem Gebäude weniger als anderswo geprotzt und zur Schau gestellt wurde. Die Bewohner fühlten sich einfach nur wohl, genossen das milde Seeklima (vor allem der unter Asthma leidende Erbauer Friedrich Franz III.) und frönten ihrer Jagdleidenschaft.

»Es scheint fast so, als hätten die letzten Herrschaften gerade ihr Haus verlassen«, heißt es denn auch von vielen Besuchern. Tatsächlich hielten sich die Verluste durch Plünderungen nach Kriegsende im Vergleich zu anderen Schlössern eher in Grenzen. Der Einzug eines Lazaretts Anfang Mai 1945 und das Aufstellen von Warnschildern mit dem Hinweis »Seuchengefahr« auf Deutsch und Russisch schützten offensichtlich genauso vor Raubzügen wie die vielen russischen Schmuckelemente an der Fassade. So blieb sogar die großherzogliche Toilette mit ihrer antiken Badewanne im fast unveränderten Zustand erhalten. Ein dezentes Schild weist sie heute als Museumsstück aus, das nicht zu benutzen sei.

STECKBRIEF

Schloss Gelbensande
Der Großherzog zu Mecklenburg-Schwerin Friedrich Franz III. (1851–1897) und seine Gemahlin, die kaiserliche Hoheit Anastasia Großfürstin von Russland (1860–1922), wählen um 1880 die am Meer gelegene Waldlandschaft »im Gelben Sande« zum Sitz einer Sommerresidenz für sich und ihre Kinder Alexandrine, Friedrich Franz IV. und Cecilie. Der von ihnen beauftragte Baumeister Gotthilf Ludwig Möckel errichtet 1885/86 ein Jagdschloss im englischen Landhausstil. An der Finanzierung beteiligt sich Anastasias Vater, der Zarensohn Michail Nikolajewitsch Romanow. Er sichert sich damit nicht zuletzt das Recht, hier gelegentlich das gesunde Seeklima

zu genießen. Auf Romanow sollen die von russischen Bojarenhäusern bekannten Verzierungen, die an verschiedenen Stellen angebrachten russischen Zarenadler und nicht zuletzt die stilvolle Überdachung über der Außentreppe zurückgehen – das alles sehr zur Freude von Anastasias Familie, die sich regelmäßig zur Jagd im Schloss einfindet. Dabei fällt während der Brunftzeit des Rotwildes sogar der Begriff vom »irdischen Paradies«.

Nach dem Tod des Großherzogs nutzt Anastasia das Jagdschloss noch eine Weile als Witwensitz; 1914 zieht sie jedoch in die Familienvilla »Wenden« nach Cannes. Friedrich Franz IV. nimmt mit seiner Familie ab 1919 in Gelbensande seinen Hauptwohnsitz. Sogar Boxchampion Max Schmeling geht mit dem Großherzog auf die Pirsch. 1944 verlässt die Familie das Anwesen. Unbestätigten Berichten zufolge nimmt in den letzten Wochen vor Kriegsende 1945 ein hoher SS-Stab hier Quartier, um mit dem Internationalen Roten Kreuz über die Freilassung alliierter Gefangener zu verhandeln.

Am 1. Mai 1945 werden 750 Verwundete aus einem Flüchtlingszug im Schloss untergebracht. Die einen Tag später eintreffende Sowjetarmee wird mit selbst geschriebenen Schildern mit der Warnung »Seuchengefahr« von einer Plünderung abgehalten. Auf das Lazarett folgen ein Seuchenkrankenhaus, eine TBC-Heilstätte und ein Krankenhaus. Zwischen 1979 und 1985 dient das Haus als Bauarbeiterunterkunft. Danach ziehen die Gemeinde- und die Wohnungsverwaltung, die Polizei und eine Seniorenbetreuung ein. Zwischen 1991 und 1995 steht es leer, bevor ein rühriger Förderverein die Geschicke übernimmt.

Service: Förderverein Jagdschloss Gelbensande e.V., Am Schloss 1, 18182 Gelbensande. Das Jagdschloss zeigt Ausstellungen über die Geschichte des Hauses und seiner Bewohner, den Architekten Möckel, königliches Porzellan aus Dänemark sowie Jagdtrophäen. Geöffnet montags bis donnerstags 10–16 Uhr, sonnabends und sonntags 14–17 Uhr.
Telefon 038201/475
www.jsgelbensande.de

Anreise: Auf der Bundesstraße 105 von Rostock in Richtung Stralsund. Nach 15 Kilometern zweigt die Zufahrtsstraße nach links ab. Vom Haltepunkt Gelbensande der Deutschen Bahn AG ist es nur ein kurzer Fußweg bis zum Schloss.

Schloss Schlemmin

Vom LPG-Gästehaus zum Schlosshotel

Die Verwandlung eines alten Schlosses in ein luxuriöses Hotel blendet meistens einen Abschnitt der Geschichte völlig aus. Nichts soll nach dem Willen der überwiegend aus dem Westen stammenden Käufer, Betreiber oder Pächter an die einstigen DDR-Zeiten erinnern. Viel zu tief sitzt der berechtigte Ärger über Zerstörungswut, Missachtung des Erbes und völlige Zweckentfremdung der Anwesen. Dazu kommt die oft ganz bewusst vernachlässigte Pflege der Parks. Umso mehr stutzt der aufmerksame Besucher, wenn er dann doch ein Relikt aus dieser Zeit entdeckt oder sogar noch darauf hingewiesen wird. Das Vier-Sterne-Hotel »Schloss Schlemmin« gehört zu diesen Ausnahmen. Im dortigen Engelsaal, den eine originalgetreu restaurierte Stuckdecke schmückt, hängt ein merkwürdig aussehender Kronleuchter. Goldene Schalen umschließen hier die elektrischen Kerzen wie die Blütenblätter eine Blume. Diese kunstvolle Arbeit entsprach wohl dem Geschmack der 1970er und 1980er Jahre und provoziert Fragen nach dem Schicksal des im Tudorstil erbauten Schlosses während der zweiten Hälfte des 20. Jahrhunderts bis zur Wende 1989.

Schloss Schlemmin

Antwort gibt die große Zeittafel im Foyer. Das Haus diente zunächst als Notunterkunft für Flüchtlinge aus Pommern, Schlesien, dem Sudentenland

und Ostpreußen und später als Schule und Sitz der Gemeindeverwaltung. Der nächste entscheidende Eintrag betrifft das Jahr 1970. Schloss Schlemmin wird zum Gästehaus einer LPG, also einer Landwirtschaftlichen Produktionsgenossenschaft. Deren Name war in der DDR wohlbekannt und ging im Som-

Ein passender Ort für eine Traumhochzeit

mer 2006 sogar durch die internationale Presse: Trinwillershagen. Durch den Zusammenschluss mit den Bauern von Schlemmin im Jahre 1966 wurde die LPG »Rotes Banner« Trinwillershagen zum Vorzeigebetrieb der sozialistischen Landwirtschaft. Funktionäre der Partei und Staatsgäste aus vielen verbündeten Ländern kamen in den etwas abgelegenen Ort. Diese brauchten eine angemessene Unterkunft und fanden sie schließlich im entsprechend ausgestatteten Schloss Schlemmin, wenn es auch einige Kilometer entfernt lag. Als Bundeskanzlerin Angela Merkel den amerikanischen Präsidenten George W. Bush fast 16 Jahre nach der Wiedervereinigung in ihren Wahlkreis zum Wildschweinessen einlud, fiel ihre Wahl ausgerechnet auf Trinwillershagen.

Zu dieser Zeit konnte im Schloss Schlemmin schon eine ganze Weile jedermann als Hotelgast übernachten. Der Bremer Möbelhändler Horst Sander hatte das Schmuckstück gekauft und für 5,5 Millionen Euro bis 2002 saniert. Anfangs schlugen ihm und seinem Hotelchef allerdings nicht gerade Begeisterungsstürme von Seiten der Einheimischen entgegen. Sie mussten mit einer weitverbreiteten Skepsis kämpfen, die sich eingestellt hatte, nachdem eine Berliner Unternehmensgruppe mit ihrem Hotelprojekt gescheitert war. Jene »Glücksritter« wollten nach der Wende das schnelle Geld machen, ohne selbst einen Cent in das LPG-Gästehaus zu stecken.

Inzwischen hat sich der Wind im Dorf natürlich längst gedreht. Das Hotel ist vor allem bei Brautpaaren sehr beliebt. Hier lässt sich der Traum von einer märchenhaften Hochzeit erfüllen. Überregionale Bekanntheit erlangte Schlemmin auch mit dem »Swimming Piano« auf dem Schlossteich im Sommer. Bis zu 900 Besucher genießen im Fackelschein vor der Kulisse des Schlosses mit seiner bewegten Vergangenheit ganz besondere Klavierkonzerte.

STECKBRIEF

Schloss Schlemmin
Auf den Fundamenten einer schon im 14. Jahrhundert nachgewiesenen Wasserburg lässt der Gutsherr Wilhelm Ulrich von Thun (1784–1862) ein Schloss im Tudorstil errichten. Architekt ist der Berliner Baumeister Eduard Knoblauch. Die Arbeiten dauern von 1846 bis 1850. Die Familie derer von Thun stammt ursprünglich aus der Schweiz. Im neuen Schloss übernachten 1853 der preußische König Friedrich Wilhelm IV. und 1857 Kronprinz Friedrich Wilhelm, der spätere Kaiser Wilhelm I., mit seiner Gemahlin Viktoria. Durch die Heirat zwischen Emma von Thun und Otto Graf Solms-Rödelheim geht das Schloss samt Güter auf diese Linie über. Aus der Ehe stammt Bertha Thekla, die sich 1892 mit Graf Ferdinand zu Stolberg-Wernigerode vermählt. Deren Sohn, Graf Günther, heiratet 1923 Emma von Plathen. Ende der 1920er Jahre gerät das Gut durch die Wirtschaftskrise in Zwangsverwaltung.

Der Einzug eines Lazaretts 1943 beendet einen langen Leerstand. Ende 1944 finden die ersten Flüchtlinge aus dem Osten hier ein Quartier. An diese Zeit erinnert die Grabanlage am Rande des Parks. Im Mai 1945 besetzt die Rote Armee den Ort. Die verbliebenen weiblichen Angehörigen des Adelsgeschlechts flüchten in den Westen. Es beginnt die Ära als Wohnstätte, Schule, Verkaufsstelle und Gemeindeverwaltung. Ab 1970 wird das Schloss Gästehaus der LPG »Rotes Banner« Trinwillershagen, die sich mit der LPG »Frieden« Schlemmin zusammengeschlossen hatte. 1991 bis 1992 versucht sich eine Berliner Unternehmensgruppe erfolglos als Hotelbetreiber. 1999 kauft der Bremer Möbelhändler Horst Sander das Anwesen und eröffnet 2002 das Schlosshotel.

Service: Park-Hotel Schloss Schlemmin, 18320 Schlemmin
Telefon 038225/51 60
www.schloss-schlemmin.de

Anreise: Auf der A 20 bis zur Ausfahrt Bad Sülze, weiter auf der Landstraße über Bad Sülze und Eixen oder über Marlow bis Schlemmin.

Schloss Hohendorf

Ein idealer Platz für »Vogelkieker«

Nur wenige Tourismusstatistiken Mecklenburg-Vorpommerns weisen sie bereits als eine besondere Besuchergruppe aus. Dabei steigt ihre Zahl im Frühjahr und Herbst inzwischen so an, dass Hotels und Pensionen auf die oft von weither Anreisenden gar nicht mehr verzichten können. Den Zeitpunkt ihres Eintreffens bestimmen Kraniche und Wildgänse. Wenn sich am Himmel die

ersten Schwärme zeigen, stellen sich auch die vorwiegend männlichen Touristen ein. Mit ihrem oftmals etwas sperrigen Gepäck sind sie schnell als »Vogelkieker« zu erkennen. Längst hat sich unter den Hobby-Ornithologen Schloss Hohendorf, gelegen zwischen Stralsund und dem östlichen Ende der Halbinsel Zingst, als idealer Ausgangspunkt für die Beobachtung des beeindruckenden Kranich-Zuges herumgesprochen.

Unweit des 1993 umfassend restaurierten Baus befindet sich der »Kranich-Utkiek«. Die ehemalige Kartoffelhalle bietet ausgezeichnete Beobachtungsmöglichkeiten für die »Vögel des Glücks«, wie die Kraniche in vielen Teilen der Welt heißen. Auf dem Acker vor der Halle wird eigens Mais oder Getreide ausgebracht, um sie vom Fraß auf den umliegenden Feldern abzuhalten; außerdem bieten sie den »Vogelkiekern« dort ein besonderes Schauspiel.

Wer die vom einstigen Schlossherren Graf Hubertus von Klot-Trautvetter verfasste Chronik »Zwischen Monarchie und Marktwirtschaft« zur Hand nimmt, erfährt, dass es die Begeisterung für die Kraniche in der Region schon vor mehr als 70 Jahren gab. Im Frühjahr ziehen sie vom Süden in die Brutgebiete im Norden, während sie sich zwischen August und November im seichten Wasser oder auf den dem Festland vorgelagerten Inseln für die lange Tour in die südlichen Überwinterungsquartiere stärken. Mit rund 40.000 Kranichen ist die Region zwischen Rügen und dem Darß der größte Zuchtrastplatz in Mecklenburg-Vorpommern.

In den 1930er Jahren war natürlich rund um Hohendorf noch nicht an ge-

Schloss Hohendorf

Ein Musterbeispiel klassizistischer Baukunst

führte Exkursionen oder ein Info-Zentrum wie im benachbarten Groß Mohrdorf zu denken. Der Sohn des 1945 enteigneten und vertriebenen letzten Schlossherren hat aber andere erstaunliche Dinge zu berichten. So nahm sich Hermann Göring als sogenannter Reichsjägermeister das Recht heraus, nach einer Stippvisite im Schloss Hohendorf auf dem nahe gelegenen Darß auch damals schon unter Naturschutz stehende Elche zu erlegen.

Seltsam mutet auch die Jagd auf Wildgänse an. Dabei grub sich der Förster auf einem Feld ein tiefes Loch, um nach dem Einflug der Vögel auf sie zu schießen. Die erlegten Gänse wurden an die Dorfbewohner verteilt. Viel schöner klingt da die Geschichte vom Hirsch Hansi, dessen Foto noch heute im Schloss hängt. Zu sehen ist der Hirsch, der neben einem Reitpferd in großer Eleganz über einen Koppelzaun springt. Er war als hilfloses Kitz in den Schlosspark gekommen, wurde mit der Flasche aufgezogen und zu aller Liebling. Selbst auf großen Reitturnieren zeigte er seine Künste. Als er immer größer wurde und mit seinem Geweih die Kinder attackierte, gab man ihn schließlich in einen Wildpark. Hier verbrachte er mit Artgenossen seine letzten Jahre.

Lange Jahre konnten die Aufenthalte der »Vogelkieker« allein einen rentablen Hotelbetrieb nicht sichern. Schließlich musste sich Graf Hubertus von Klot-Trautvetter 2011 schweren Herzens vom alten Familienbesitz trennen und das Schloss einer Lübecker Firma überlassen. Diese setzt den Hotelbetrieb fort, auch zur Freude der zahlreichen Kranichliebhaber.

STECKBRIEF

Schloss Hohendorf
Arthur Graf von Klot-Trautvetter lässt sich 1893 ein Schloss in der Nähe von Stralsund errichten. Er besitzt stattliche Ländereien und betreibt eine große Land- und Forstwirtschaft. Das im Tudorstil erbaute Schloss ähnelt mehreren anderen herrschaftlichen Häusern in Mecklenburg und im ehemaligen Preußen. Daher werden als Architekten oft Karl Friedrich Schinkel und Friedrich Hitzig genannt. Letzterer erbaut unter anderem die Schlösser Kittendorf und Bredenfelde in der Mecklenburgischen Schweiz sowie Neetzow südöstlich von Stralsund. Nachprüfbare Unterlagen fehlen allerdings, auch was eine mögliche Urheberschaft Schinkels betrifft. In der zweiten Hälfte des 19. Jahrhunderts erfreuen sich Schlösser mit Zinnenkranz und oktogonalem Turm vielerorts großer Beliebtheit.
Am Ende des Zweiten Weltkriegs finden mehr als 200 Flüchtlinge aus dem Osten Quartier in Hohendorf. Viele bleiben danach hier wohnen. Die Schlossherren werden durch die Bodenreform enteignet und vertrieben. Sie müssen am 6. Oktober 1945 innerhalb von 24 Stunden das Gebäude verlassen und dürfen nur so viel mitnehmen, wie sie selbst tragen und auf einem Handwagen unterbringen können. Hohendorf bildet den Mittelpunkt einer großen LPG (Landwirtschaftliche Produktionsgenossenschaft). 1993 kauft Graf Hubertus von Klot-Trautvetter, Nachfahre des Schlosserbauers, das Anwesen von der Gemeinde. Alle Versuche, das Erbe unentgeltlich zurückzuerhalten, scheitern genauso wie an anderen Orten. Von Klot-Trautvetter verkauft seinen Stuttgarter Betrieb, um mit dem Kapital das Schloss zum Hotel umzubauen. Es wird Ende 1993 eröffnet.
Service: Schlosshotel Hohendorf, Am Park 7, 18445 Hohendorf
Telefon 038323/25 00
www.schlosshohendorf.de
Anreise: Von der B 105 Rostock – Stralsund bei Martensdorf links abbiegen und weiter über Niepar und Groß Mohrdorf nach Hohendorf. Ein anderer Weg führt von Stralsund nach Prohn in Richtung Groß Mohrdorf. Die Zufahrt nach Hohendorf biegt vor Groß Mohrdorf nach rechts ab.

RÜGEN

Schloss Ralswiek

Kanonendonner und Feuerschein vor der Hotelterrasse

Angesichts einer solchen kostenlosen Werbung würde wohl jeder Hotelchef Luftsprünge machen. Schließlich blicken jedes Jahr zwischen Juni und September täglich mehrere hundert Augenpaare voller Erstaunen und Begeisterung auf das Gebäudeensemble, von dem bis dahin nur die wenigsten etwas gehört haben. Neugierig werden der Nachbar oder der Reiseleiter nach dem märchenhaft wirkenden und nach Einbruch der Dunkelheit stilvoll angestrahlten Bauwerk befragt. Ja, heißt es dann oft mit einem Lächeln, Schloss Ralswiek auf Rügen gehört zu den Perlen von Mecklenburg-Vorpommern. Heute wird es als Hotel genutzt und profitiert ganz entscheidend von dem allabendlichen Festivalspektakel am Großen Jasmunder Bodden. Vor allem wenn sich der um Gerechtigkeit kämpfende Klaus Störtebeker und seine Gegner nach den Schlachten zu Wasser und zu Lande in die Pause verabschieden, entdecken zahlreiche Besucher das sich hinter dem Festspielgelände erhebende Schloss – vorerst nur aus der Distanz.

Viele Touristen merken sich die Ansicht, erkundigen sich später nach Details und buchen einen Aufenthalt an diesem besonderen Ort. Wer das bezweifelt, sollte sich abends mit den Gästen auf der Terrasse des Hotels unterhalten. Sie erzählen meistens die gleiche Geschichte, wie sie einst auf die noble Herberge aufmerksam wurden. Dann werden garantiert die Störtebeker-Festspiele erwähnt. Andererseits dürften die Theaterleute um den Intendanten Peter Hick so manche verkaufte Eintrittskarte dem Hotel verdanken. Von den Zimmern und den Restaurantplätzen unter freiem Himmel sind zwar Kanonenschläge oder die Stimme des Sängers zu vernehmen. Die ganze Bühne kann trotz der erhöhten Lage des Schlosses jedoch nicht eingesehen werden. Da machen sich viele Gäste lieber auf den Weg zur Freilichtbühne und zeigen von unterwegs nicht ohne Entdeckerfreude auf ihre Hotelfenster.

Natürlich war zur Bauzeit des Schlosses noch nicht an die jährlich auf der Naturbühne fortgeschriebenen

◂ **Schloss Ralswiek**

Abenteuergeschichten vom unerschrockenen Störtebecker und seinen Mannen aus dem 14. Jahrhundert zu denken. In ihrer heutigen Form begeistern die stimmungsvoll arrangierten Aufführungen das Publikum erst seit Mitte der 1990er Jahre. Zu dieser Zeit existierte das Schloss schon etwas länger als ein Jahrhundert an dieser exponierten Stelle. Ein aus Aschersleben im heutigen Sachsen-Anhalt stammender Unternehmer mit dem ungewöhnlichen Namen Hugo Sholto Graf Douglas kaufte 1891 das alte Ralswieker Gut und bescherte der Insel Rügen ein Schmuckstück im Stil der Renaissanceschlösser an der Loire. An Geld fehlte es dem Spross einer um 1700 aus Schottland nach Deutschland eingewanderten Familie offenbar nicht. Denn Graf Douglas – den Adelstitel hatte er zusammen mit dem Kauf des Gutes erworben – machte gute Geschäfte mit dem Braunkohle- und vor allem dem Kalibergbau. Außerdem war er entscheidend an der Gründung des Samariterbundes betei-

Die Vorbilder des Schlosses stehen an der Loire.

Das Familienwappen zeugt vom Reichtum der Erbauer.

ligt und arbeitete als Mitglied des Landtages und des Staatsrates.

Dieses Engagement führte schließlich zu einem gewichtigen Eintrag in der Schlosschronik. Kaiser Wilhelm II. wandelte mit seinem Hofstaat durch Haus und Park und soll sich sehr begeistert geäußert haben. Zuvor war Graf Douglas durch einen kaiserlichen Erlass in den sogenannten Freiherrenstand erhoben worden. Die Universität Halle machte ihn zum Ehrendoktor und seine Heimatstadt zum Ehrenbürger.

Der Schlossherr, der ein recht umtriebiges Leben führte, lernte schließlich den zu Beginn des vergangenen Jahrhunderts schon bekannten Künstler und Architekten Henry van de Velde kennen. Dieser hatte sich vor den um 1912 fertiggestellten Umbauplänen für das Ralswieker Schloss schon mit anderen Entwürfen für die Firma und verschiedene Wohnungen von Graf Douglas einen guten Ruf erworben, wenn auch nicht jeder von ihnen gleich auf volle Zustimmung gestoßen war.

Van de Veldes Handschrift hat sich trotz der vielen Umbrüche in der Folgezeit noch an mehreren Stellen im Schloss erhalten. Die prachtvolle Eingangshalle gehört ebenso dazu wie die Treppe zum Obergeschoss, der große Salon oder die bunten Glasfenster im Flur. Der Graf konnte diese Arbeiten nicht mehr in ihrer Vollendung erleben, starb er doch an seinem 75. Geburtstag 1912 in Berlin. Sein Sohn August setzte die Aufsicht über die noch zwei Jahre dauernden Arbeiten fort.

Lange Zeit tauchte in den Verzeichnissen der Werke van de Veldes das Schloss auf Rügen gar nicht auf. Kam in den Fachkreisen die Rede auf den wichtigsten Künstler des »linearen Jugendstils« (Art Nouveau), so wurden Arbeiten von ihm in Weimar, Chemnitz, Hagen, Paris und in der Schweiz genannt. Hierin spiegelt sich nicht zuletzt das Schicksal fast aller bis Kriegsende 1945 in Privateigentum befindlichen Schlösser auf dem Gebiet der Sowjetischen Besatzungszone wieder. Die Bodenreform vertrieb die alteingesessenen Familien aus ihren Häusern und von ihren Gütern. Alle Erinnerungen an die Adligen, Junker und Großgrundbesitzer sollten möglichst getilgt werden. Bei nicht wenigen Schlössern und Herrenhäusern wurde dies von den an die Macht gekommenen Parteien wörtlich genommen, und sie ließen die Häuser schleifen.

Die ausgesprochen schöne Lage bewahrte wohl Schloss Ralswiek vor einem solch brutalen Ende. Es zog ein Seniorenheim ein, das den Namen »Jenny Marx«, nach der Frau von Karl Marx, erhielt. Die baulichen Veränderungen waren zwar erheblich, aber die im Jahr 2000 begonnene Restaurierung konnte die originale Bausubstanz noch in einem erstaunlichen Umfang wieder herstellen. Zuvor hatte das Haus sogar drei Jahre leer gestanden, nachdem ein Behindertenheim 1997 ausgezogen war.

Die Hotelgruppe Raulff, die das Schloss übernommen hatte, empfing 2002 ihre ersten Gäste in der Bucht oberhalb des Großen Jasmunder Boddens. Den außergewöhnlichen Erfolgs der jährlich wechselnden Stücke um Klaus Störtebeker konnte man damals nur erahnen. Heute möchten weder das Festival noch das Hotel die gegenseitige Werbung missen.

STECKBRIEF

Schloss Ralswiek
Das Schloss im Stil der Neorenaissance wird 1893 für den Grafen Hugo Sholto Douglas gebaut, dessen Vorfahren um 1700 aus Glaubensgründen nach Deutschland ausgewandert waren. Als erfolgreicher Unternehmer in der mitteldeutschen Chemieindustrie, Landtagsabgeordneter und als Mäzen für soziale Belange verfügt er über gute Kontakte in führende Architektenkreise und über ein beträchtliches Vermögen. Der großherzogliche Badische Architekt und Baurat Gustav Stroh entscheidet sich für einen Prachtbau im Stil der französischen Renaissanceschlösser an der Loire. Graf Douglas beauftragt später den bekannten Jugendstilkünstler Henry van de Velde mit Umbauarbeiten im und am Schloss. Sie beginnen etwa um 1914 und stehen nach dem Tod von Douglas unter der Leitung seines Sohnes August. Viele beeindruckende Gestaltungselemente überdauern die folgenden Zeiten.
Im Zuge der Bodenreform wird die Familie Douglas 1946 von Ralswiek vertrieben. Ins Schloss zieht das »Feierabendheim Jenny Marx« ein. 1958/59 entstehen in der ehemaligen Reithalle weitere Zimmer für Senioren. Zuletzt dient das Schloss bis 1997 als Wohnstätte für Behinderte unter der Leitung des Deutschen Roten Kreuzes. Im März 2002 eröffnet die Raulff-Gruppe erste Bereiche als Hotel. Es ist eine Außenstelle des Standesamtes Bergen.
Service: Schlosshotel Ralswiek, Parkstraße 35, 18528 Ralswiek/Rügen
Telefon 03838/2 03 20
www.schlosshotel-ralswiek.de
Anreise: Hinter der Rügendammbrücke auf der B 96 in Richtung Sassnitz, hinter Bergen zweigt die Straße nach Ralswiek links ab.

Jagdschloss Granitz

Mit dem Rasenden Roland zur schönsten Aussichtsplattform

Die Idee klingt einfach und verlockend zugleich. Wird ein Schloss von seinen Eigentümern nicht mehr benötigt, öffnen sie es für Besucher und verdienen kräftig an den verkauften Eintrittskarten. Das Geld reicht für die Instandhaltung der alten Gemäuer und für andere Dinge. Allerdings muss das zur Schau gestellte Objekt einige Voraussetzungen erfüllen. Es sollte attraktiv und leicht zu erreichen sein, möglichst Kostbarkeiten beherbergen und die Gäste bewirten können. Was sich wie ein neuzeitlicher Businessplan anhört, funktioniert in Wahrheit schon seit mehr als 100 Jahren in einem der größten Waldgebiete der Insel Rügen. Schon Ende des 19. Jahrhunderts gab die fürstliche Familie von Putbus das Jagdschloss Granitz zur Besichtigung frei, um die eigene Kasse beträchtlich aufzubessern.

Zuvor hatte das architektonische Meisterwerk, für das 1830 der Kronprinz und spätere König Friedrich Wilhelm IV. seinem Freund Fürst Wilhelm Malte I. zu Putbus den schließlich verwirklichten Entwurf gezeichnet hatte, seine einstige Bestimmung verloren. Es wurde weder als Ersatzwohnstätte für die Fürstenfamilie nach dem Großbrand im Putbuser Schloss noch als standesgemäße Unterbringung für Mitglieder der europäischen Adelsfamilien während ihrer Besuche auf Rügen gebraucht.

Die Rechnung der Schlossherren ging auf. Für das Jahr 1895 verzeichnet die Chronik 13.500 Besucher, zehn Jahre später sogar 22.400 Gäste. Heute sind

Jagdschloss Granitz

es zwar jährlich zehnmal so viele, aber die Gründe für einen Ausflug zum Jagdschloss haben sich im Laufe des Jahrhunderts nicht verändert. Dazu gehört beispielsweise die ungewöhnliche Art der Anreise. Die erfolgt trotz einer neumodischen Tschu-Tschu-Bahn noch immer standesgemäß und auf schönste Art mit dem »Rasenden Roland«. Schon seit 1895 dampft die Kleinbahn zwischen Binz und Putbus mit Halt unterhalb des Jagdschlosses. Vor allem im Sommer kann man auf den Wegen zum 107 Meter hohen Tempelberg eine regelrechte Völkerwanderung beobachten.

Geduldig warten die Neugierigen vor dem Eingang, der von zwei nach antikem Vorbild gestalteten Wolfshunden flankiert wird. Schließlich wollen die Besucher dem Schloss buchstäblich aufs Dach steigen. Für nicht wenige Gäste ist aber schon der Weg auf das Plateau des Schinkel-Turms die eigentliche Attraktion. Sie bewegen sich auf einer gusseisernen Wendeltreppe nach oben, die es in ihrer filigranen und reich verzierten Form so schnell nicht noch einmal gibt. Die in einer Berliner Eisengießerei gefertigte Konstruktion mit 154 Stufen gilt als ein Meisterstück der Architekten um Preußens Baugenie Schinkel.

Die Mühe des Aufstiegs lohnt sich. Oben wartet eine grandiose Aussicht auf das südöstliche Rügen. Manchmal zeigt sich am Horizont sogar die Insel Usedom. Ohne diesen Rundblick wäre die Anziehungskraft von Granitz wahrscheinlich nur halb so groß, trotz anderer Kostbarkeiten im Schloss wie den Empfangs- und Damensalon, das Speisezimmer, den Marmorsaal oder die reiche Trophäenschau (wenn sich auch manchmal Marmor als Sandstein, Bronze als Zink oder Holzpfeiler als geschickt bemaltes Blech entpuppen). In Granitz aber spielt die ohnehin nicht mehr vollständig erhaltene Inneneinrichtung nur eine Nebenrolle.

Das Museumsschloss gehört zu den beliebtesten Touristenzielen Rügens.

STECKBRIEF

Jagdschloss Granitz
Das Schloss entsteht auf dem Tempelberg im Südosten der Insel Rügen zwischen 1837 und 1846 im Auftrag von Fürst Wilhelm Malte I. zu Putbus (1783–1854). Das Jagdschloss dient der Fürstenfamilie auch zur standesgemäßen Unterbringung von Gästen aus vielen europäischen Adelshäusern. Wichtige Anregungen erhält der Fürst direkt vom Kronprinzen und späteren König Friedrich Wilhelm IV. (1795–1861). Dieser besucht regelmäßig Rügen und interessiert sich sehr für die im Bau befindliche Residenzstadt Putbus. Für den Entwurf des Aussichtsturms vermittelt er seinen obersten Baumeister, Karl Friedrich Schinkel. Ausführender Architekt des Jagdschlosses ist Johann Gottfried Steinmeyer, der zusammen mit Schinkel studiert hat. Die im Stil des Historismus ausgestatteten Räume des Schlosses tragen die Handschrift von Friedrich August Stüler.

Hauptanziehungspunkt ist die gusseiserne Wendeltreppe im Mittelturm. Vom unteren Podest bietet sich ein überwältigender Blick in den Innenraum des 38 Meter hohen Turmes. Von der Aussichtsplattform genießt man ein malerisches Panorama. Zu den Glanzstücken im Innern gehört der raumhohe Kamin aus carrarischem Mamor mit der Darstellung einer mittelalterlichen Sauhatz im Marmorsaal.

Schon ab 1900 können Besucher das Schloss besichtigen. 1945 verliert die Familie Putbus ihr Eigentum im Zuge der Bodenreform. Es dient bis 1954 als Unterkunft für Flüchtlingsfamilien, anschließend für Waisen. Seit 1963 ist das Schloss wieder für die Öffentlichkeit zugänglich; es wird nun als Museum genutzt. Heute steht das Anwesen unter der Verwaltung der Staatlichen Schlösser und Gärten des Landes Mecklenburg-Vorpommern. Anträge von Franz zu Putbus, dem Enkel Maltes zu Putbus, den Familienbesitz zurückzuerhalten, scheitern vor Gericht. Die Ausstellungen zeigen alte Jagdgewehre, Jagdtrophäen, Möbel und Gemälde.

Service: Jagdschloss Granitz, Postfach 1101, 18609 Binz. Öffnungszeiten: Mai bis September täglich von 9–18 Uhr, Oktober bis April dienstags bis sonntags 10–16 Uhr.
Telefon 038393/22 63
www.mv-schloesser.de

Anreise: Von Binz aus mit der Rügen´schen Kleinbahn »Rasender Roland«. In Granitz verkehren Panoramabusse zum Jagdschloss. Auch eine Wanderung ist möglich.

Schloss Spyker

Besonderes Kennzeichen: Schwedenrot

Aus der Fülle der mehr als 2000 Schlösser und Herrenhäuser in Mecklenburg-Vorpommern sticht ein Schmuckstück schon allein durch seine Farbe heraus. Ein so kräftiges Rot wie am Schloss Spyker auf Rügen gibt es sonst nirgendwo. Es handelt sich dabei um eine ganz besondere Farbgebung – um das Schwedenrot »Falu rödfärg«. Dieser Ton, der auch als dritte Nationalfarbe des skandinavischen Nachbarlandes bezeichnet wird, findet sich an vielen Holzhäusern in den Fjords, Schären und Inseln wieder und weist auf die ungewöhnliche Geschichte des Schlosses auf der Halbinsel Jasmund hin. Spyker steckt voller schwedischer und natürlich auch mecklenburgisch-pommerscher Geschichte.

Da für das Schloss eine detaillierte Chronik existiert, kann der Zeitpunkt ziemlich genau bestimmt werden, an dem die Farbe erstmals aufgebracht wurde. Im Jahre 1650 gab der hoch dekorierte schwedische Feldmarschall Carl Gustav Wrangel – nicht zu verwechseln mit dem 200 Jahre später zum Berliner Ehrenbürger ernannten und heute nicht zuletzt als Namengeber für eine Kreuzberger Straße bekannten preußischen Offizier – die Order zum Umbau der Burg in ein Renaissanceschloss. Die schwedische Königin Christine bedankte sich mit dem großzügigen Geschenk für die Verdienste des Feldmarschalls im Dreißigjährigen

Schloss Spyker

Krieg. Wrangel stieg sogar zum Generalgouverneur von Schwedisch-Pommern auf, war doch ganz Pommern und damit auch Rügen im Zuge des Westfälischen Friedens 1648 an das skandinavische Königreich gefallen.

Aus dieser Zeit stammt nicht nur das bis heute fast unverändert gebliebene Äußere mit den schlanken Türmen an den Ecken und der leuchtend roten Fassade, es haben sich auch beeindruckende Stuckarbeiten an den Decken im Obergeschoss und im Restaurant erhalten. Der spätgotische Gewölbekeller bekam sogar den Namen »Zum Alten Wrangel«.

Die rote Fassade bildet einen kräftigen Kontrast zur grünen Umgebung.

Natürlich lassen sich auch vortrefflich Sagen und Legenden über das alte Schloss erzählen, die die Lust am Unheimlichen befriedigen können. Demnach zeigt sich beispielsweise bei Vollmond und um Mitternacht am Spykerschen See ein Reiter auf hohem Schimmel, am Fenster einer der Türme winkt zur gleichen Zeit eine weiße Gestalt mit einem Tuch nach Norden und Osten, und auf der Treppe zum ersten Stock soll ein spukender Hund vor allem das Personal erschrecken.

Die gruseligste Geschichte aber dreht sich um den Feldmarschall Wrangel selbst. Laut einer vor mehr als 100 Jahren gedruckten Geschichte muss er am 24. Juni 1676 recht grausam gestorben sein. Ein aus Stralsund herbeigeholter Scharfrichter soll ihn in einer obskuren Zeremonie mit maskierten und schwarz gekleideten Personen auf einer Decke den Kopf abgeschlagen haben. Nach dem Akt wurde der Henker wieder aufs Festland zurückgebracht und bezahlt. Eine Bestätigung dafür gibt es allerdings nicht. Tatsächlich hatten die Menschen wohl zu jener Zeit einfach nur ein Gerücht, wonach in jener Nacht ein »vornehmer Herr« geköpft worden sei, auf den Feldmarschall übertragen.

Doch die Legende vom grausamen Ableben passt zu den vielen Episoden rund ums Schloss. 1806 und 1807 beherbergte es immerhin die Verwaltung für das damals französisch besetzte Rügen. 1815 begann auch auf der größten deutschen Insel das preußische Zeitalter. Spyker gelangte in den Besitz des Fürsten Wilhelm Malte I. zu Putbus.

STECKBRIEF

Schloss Spyker
Königin Christine von Schweden übergibt Spyker im Jahre 1649 an ihren Feldmarschall Carl Gustav Wrangel, den späteren Generalgouverneur von Schwedisch-Pommern. Vorausgegangen ist der Westfälische Friede von 1648, der den Dreißigjährigen Krieg beendet und Pommern sowie Rügen unter schwedische Verwaltung stellt. Ab 1650 wird die ursprünglich mit einem Wehrgraben umgebene Burg zu einem Renaissanceschloss umgestaltet. Es erhält die typische schwedische Rotfärbung.
Nach dem mysteriösen Tod Wrangels 1676 auf Schloss Spyker erbt die jüngere Tochter Eleonore-Sophia das Anwesen. Sie heiratet den Herrn von Putbus. Nach ihrem Tod 1687 fällt das Schloss der älteren Tochter zu, worauf es durch Heirat in den Besitz der schwedischen Familie von Brahe gelangt.
Während der Besetzung durch die napoleonischen Truppen 1806/07 nimmt der französische Gouverneur für Rügen vorübergehend seinen Sitz auf Spyker. 1815 kommt Rügen zu Preußen, und Fürst Wilhelm Malte I. zu Putbus übernimmt das Regiment. Die Bodenreform von 1945 beendet diese Ära. Der Verfall des Schlosses setzt danach ein, denn erst 1964 entscheidet sich der Gewerkschaftsbund für die Einrichtung eines Erholungsheims. Nach der Wende eröffnet hier 1990 ein Hotel; 1995 erfolgt die Restaurierung nach historischem Vorbild. 2006 erwirbt der Architekt Dominik von Böttinger Schloss und Grundstück bei einer Zwangsversteigerung.
Service: Hotel Schloss Spyker, Schlossallee 1, 18551 Spyker
Telefon 038302/770
www.schloss-spyker.de
Anreise: Hinter der Rügendammbrücke auf der B 96 in Richtung Sassnitz bis zur Abzweigung nach Glowe. Die Zufahrt zum Schloss Spyker geht links von der Straße nach Kap Arkona ab. Der nächstgelegene Bahnhof befindet sich in Sagard.

Freiwillige Feuerwehr

MECKLENBURG-STRELITZ

Schloss Hohenzieritz

Geschichtsstunde am Sterbeort der Königin Luise

Hohenzieritz illustriert wie kaum ein anderes mecklenburgisches Schloss den Umgang mit der Geschichte im Osten Deutschlands. Das etwas abseits der großen Straßen und Touristenzentren gelegene Anwesen sollte es eigentlich gar nicht mehr geben; schon gar nicht die Gedenkstätte für die hier 1810 verstorbene Preußenkönigin Luise mit dem Sterbezimmer, den vielen Exponaten über das Leben der allseits verehrten Herrscherin und den von ihr geliebten Park. Nach dem Ende des Zweiten Weltkriegs hatten die neuen Machthaber bekanntlich nicht viel mit Königinnen und Königen, Herzögen, Junkern und Preußen am Hut. Jegliche Erinnerungen sollten verschwinden – vor allem Schlösser, Herrenhäuser, Parks und Denkmale als die sichtbarsten Symbole der vergangenen Epoche.

Der Beweis dafür liegt heute hinter Glas im Ausstellungstrakt des Erdgeschosses: »Das Schloss Hohenzieritz ist in seinem jetzigen Zustand nicht verwendbar. Der Denkmalschutz war nur auf die Einrichtung anwendbar. Das Gebäude ist architektonisch sehr mäßig. Es wird vorgeschlagen, das Gebäude abzureißen und für Siedlerstellen freizugeben.« So formulierte es der im Dezember 1947 zuständige Amtmann des Kreises Neustrelitz in einem Schreiben an die Landesbauverwaltung.

Zu diesem Zeitpunkt muss das Gebäude tatsächlich einen recht düsteren Eindruck gemacht haben, wie alte Aufnahmen vermuten lassen. Die sowjetischen Truppen ließen bei der Einrichtung ihrer Kommandantur im April/Mai 1945 rohe Kräfte walten und machten auch vor dem Sterbezimmer mit seinen Kunstschätzen nicht halt. So manches wertvolle Stück ging dabei zu Bruch. Auch die Einquartierung von Flüchtlingsfamilien aus dem Osten in dafür völlig ungeeigneten Räumen führte zu erheblichen Schäden.

Die Russen verließen schließlich Hohenzieritz und begaben sich hinter dicke Kasernenmauern. Der Abriss des Schlosses schien nur noch eine Frage der Zeit zu sein, als sich zum Glück die Vernunft durchsetzte, notgedrungen sozusagen. Denn die Flüchtlinge konnten nirgendwo anders untergebracht

◂ **Schloss Hohenzieritz**

Die Gartenseite des Schlosses

werden. So blieb das Haus erhalten, wenn auch an eine Wiedereröffnung der Luisengedenkstätte nicht zu denken war. Stattdessen wurden die Räume zunächst von einer Gaststätte und später von einer Konsum-Verkaufsstelle genutzt. Im Keller arbeitete eine Wäscherei mit allen negativen Konsequenzen für die Bausubstanz.

Erst zwischen 1959 und 1962 wurden Restaurierungsarbeiten vorgenommen, um Platz für ein Landwirtschaftliches Institut zu gewinnen. 1991 löste sich das in der Zwischenzeit zum »Wissenschaftlich-Technischen Zentrum für Landwirtschaft« umfunktionierte Weiterbildungszentrum auf. Leerstand und Verfall bestimmten wieder den Lauf der Dinge.

Doch zum Glück hatte die letzte DDR-Regierung kurz vor der Wiedervereinigung im Herbst 1990 noch die schönsten Landschaften zwischen Ostsee und Erzgebirge unter Naturschutz gestellt. Dabei entstand auch der Müritz-Nationalpark, dessen Verwaltung ein ansprechendes Domizil brauchte. Zwar liegt die Müritz als größter deutscher Binnensee ein ganzes Stück entfernt von Hohenzieritz, aber zum Nati-

Das Sterbezimmer der Königin Luise

onalpark gehört auch das Gebiet um Serrahn bei Neustrelitz. »Genau zwischen diesen beiden herrlichen Landschaften dürfen wir residieren«, sagt Hendrik Fulda von der Nationalparkverwaltung. »Es macht schon Spaß, in einem so schönen Haus arbeiten zu können.« Seit 2000 erstrahlt das Schloss wieder im einstigen Glanz, nachdem das Finanzministerium von Mecklenburg-Vorpommern für die Renovierung aufgekommen war und einen angemessenen Mieter gefunden hatte. Im gleichen Jahr öffnete die Luisengedenkstätte des Schlossvereins mit dem Sterbezimmer an alter Stelle wieder ihre Türen.

Am Eröffnungstag gab ein Besucher, der anonym bleiben wollte, eine lange vermisste marmorne Kopfstück-Plastik der Königin Luise ab. Der Bildhauer Christian Daniel Rauch hatte bei seinem Besuch 1834 eine von ihm signierte Replik persönlich im Sterbezimmer aufgestellt. Das Original befindet sich im Mausoleum im Berliner Schlosspark Charlottenburg.

Das Interesse an Luise ist ungebrochen, wie die Besucherzahlen zeigen. Die Ausstellung erklärt den Mythos dieser als »Königin der Herzen« verehrten Prinzessin Luise von Mecklenburg-Strelitz, der späteren Königin von Preußen. Ihre Anmut und Schönheit faszinieren die Menschen bis heute. Schloss Paretz bei Potsdam zeigt große Ähnlichkeit mit Hohenzieritz. Luise liebte das einfache Landleben, konnte sie sich doch dabei ungezwungen und fast frei von jeglicher Etikette bewegen und sogar auf Feldern und in Gärten etwas experimentieren. Dieses Glück sollte sich dann später auf ihrem eigenen Landsitz wiederholen.

STECKBRIEF

Schloss Hohenzieritz
Zwischen 1746 und 1751 entsteht das Schloss unter Nutzung von Resten des Vorgängerbaus für Hans Christian von Fabian. Es fällt 1768 zurück an Herzog Adolf Friedrich IV. von Mecklenburg-Strelitz, der es zwei Jahre später seinem Bruder Carl Ludwig Friedrich schenkt. 1776 werden zwei Kavaliershäuser vor dem Schloss hinzugefügt. Ab 1790 beginnt der Umbau des Gebäudes nach Plänen von Johann Christoph Dräsecke, der unter anderem ein verputztes Fachwerkgeschoss aufstocken lässt. 1802 erhält das Gebäude auf Hof- und Gartenseite die heutigen Sandsteintreppen.
Königin Luise von Preußen, geborene Herzogin zu Mecklenburg-Strelitz, stirbt am 19. Juli 1810 auf dem Sommersitz ihres Vaters Carl. Sie weilte 1796 erstmals mit ihrem Mann, dem Kronprinzen Friedrich Wilhelm, in Hohenzieritz. Der zeigt sich so begeistert von der Anlage, dass er in Paretz bei Potsdam einen eigenen Landsitz bauen lässt.
Bis zur Novemberrevolution 1918 bleibt das Schloss im Besitz der herzoglichen Familie und wird als Sommerresidenz genutzt. 1919 geht es mit der Luisengedenkstätte in Landeseigentum über. Am Ende des Zweiten Weltkriegs 1945 richtet die Sowjetarmee ihre Kommandantur im Schloss ein und beschädigt dabei erheblich das Sterbezimmer von Luise. Später bewohnen Flüchtlingsfamilien das Anwesen; außerdem gibt es eine Gaststätte, eine Konsum-Verkaufsstelle und eine Wäscherei. 1962 bis 1991 dient es dem Wissenschaftlich-Technischen Zentrum für Landwirtschaft als Domizil. Danach steht es leer. Nach erfolgter Restaurierung nimmt hier die Verwaltung des Müritz-Nationalparks ihren Sitz. Gleichzeitig öffnet die Königin-Luise-Gedenkstätte.
Service: Schlossverein Hohenzieritz, Luisengedenkstätte, 17237 Hohenzieritz. Öffnungszeiten: dienstags bis freitags 10–11 und 14–15 Uhr, sonnabends und sonntags 14–17 Uhr. Vom 1. November bis 1. März geschlossen.
Telefon 039824/200 20
Anreise: Von der B 96 und der B 193 zweigt hinter Neustrelitz die Landstraße nach Hohenzieritz ab.

Schlossgarten und Orangerie Neustrelitz

Im Walzertakt reist die Königin zu Goethe und Napoleon

Einen Ort ohne Schloss in ein Buch über Schlösser und Herrenhäuser aufzunehmen, mag auf den ersten Blick etwas irritierend wirken. Doch Neustrelitz versteht es, die Erinnerung an die in den letzten Tages des Zweiten Weltkriegs abgebrannte Residenz wachzuhalten. Der Park gehört mit seinen Pavillons, Statuen, Denkmalen, Sichtachsen und dem Blick aufs Wasser ohnehin zu den schönsten in ganz Mecklenburg. Längst ist die auch als Veranstaltungsstätte und Restaurant genutzte Orangerie der neue Mittelpunkt der Anlage. Außerdem blicken die Spaziergänger seit einigen Jahren wieder auf Teile des Schlosses, wenn auch nur als Bild auf einer Stoffbahn. Die Umrisse lassen die Dimensionen des einstigen Schmuckstückes erahnen. Die etwas seitwärts versetzte Turmattrappe kann man sogar besteigen und in halber Höhe einen schönen Rundumblick genießen.

Vor allem im Sommer spielt die aufgemalte Fassade der ab 1731 gebauten Residenz eine wichtige Rolle. Dann wird sie Teil des Bühnenbildes während der inzwischen weit über die Region hinaus bekannten Schlossgartenfestspiele. Sie stehen ganz im Zeichen der Operette und begeistern das Publikum mit unterhaltsamen Stücken, bei denen mitunter sogar die allseits bekannte und verehrte Königin Luise wieder vor der Schlosskulisse flaniert. Die »Königin der Herzen«, wie eine in Neustrelitz entstandene Komposition heißt, besucht im Open-Air-Stück eine illustre Schar von Persönlichkeiten aus ihrer Zeit wie Goethe, den Geigenvirtuosen Paganini oder Napoleon Bonaparte. Auch der Walzerkönig Johann Strauß empfängt auf dieser beeindruckenden Bühne die bezaubernde Luise mit »Wiener Blut«.

Im westlichen Teil des Schlossparks erinnert der 1891 gebaute Luisentempel an die allseits beliebte Königin, die schon mit 34 Jahren im nicht weit entfernten Schloss Hohenzieritz starb. Im Neustrelitzer Mausoleum, das nach dem Vorbild antiker Tempel mit einer von vier Säulen geschmückten Vorhalle errichtet worden ist, befindet sich eine Nachbildung des Sarkophags mit der Grabfigur der Verstorbenen. Die Außenverkleidung aus schlesischem Sandstein und italienischer Marmor im Innern verleihen dem Tempel eine besondere Ausstrahlung.

Wer den auf einer kleinen Anhöhe errichteten Bau aufsucht, steht inmitten des ursprünglich als Barockgarten konzipierten Parks. Dieser entstand ab 1732 nahezu gleichzeitig mit dem Schloss und der bis ins Detail geplanten Barockstadt Neustrelitz. Das erste Schloss von Herzog Adolf Friedrich III.

Die Orangerie beherbergt ein stilvolles Restaurant.

von Mecklenburg-Strelitz war zuvor im fünf Kilometer entfernten Strelitz-Alt in Flammen aufgegangen.

Bis heute kann jeder die Kunst der Gartenbaugenies des 18. und 19. Jahrhunderts auf sich wirken lassen. Man braucht sich nur an den Rand des ehemaligen Schlossplateaus zu stellen, um »das Gefühl der Weite und sogar der Unendlichkeit zu spüren«, wie es eine Parkführerin verspricht. Zwei Alleen führen in Richtung des klaren Sees und verengen die Sichtachse. Während ganz hinten ein von einer Säulenreihe umgebener Rundtempel als krönender Abschluss zu erkennen ist, schwenkt in der Mitte die römische Siegesgöttin Victoria – hier in einer Zinkgusskopie von Christian Daniel Rauch – ihren Siegeslorbeer. Im Tempel selbst befindet sich eine Kopie der berühmten Hebe-Statue des klassizistischen Bildhauers Antonio Canova aus dem Jahre 1796.

Nebenbei erfahren die Besucher, dass Schönheit schon immer ihren Preis hatte. Für die Anlage des Parks wurden

Die Statue der Victoria von Leuthen im Schlossgarten

täglich vier bis acht Gefangene aus Strelitz zum Schlossgarten gebracht, die die Rodungs- und Planierungsarbeiten zu erledigen hatten. Auch neun Zierker Einwohner schufteten von 1731 bis 1735 bei einem Hungerlohn für das Prachtstück. Um 1825 legte dann der preußische Gartenbaumeister Peter Joseph Lenné Hand an. Er entschied sich wie üblich für einen englischen Landschaftsgarten, beließ aber zum Glück die barocke Sichtachse fast unverändert.

In ihrer Nachbarschaft steht die Orangerie, die es mit so manchem Schloss in Mecklenburg-Vorpommern aufnehmen kann – was das Äußere wie auch die Innenausstattung betrifft. Sie wurde 1755 erbaut, diente aber ab 1842 zur Aufbewahrung der Antikensammlung des Großherzogs. Den Umbau leitete Friedrich Wilhelm Buttel, dem Karl Friedrich Schinkel und Christian Daniel Rauch mit Ratschlägen zur Seite standen. Es ist schon erstaunlich, dass die eleganten klassizistischen Räume mit einer pompejanischen Wand- und Deckenmalerei sowie Abgüssen antiker und klassizistischer Statuen erhalten geblieben sind.

Das kann leider von der sich nördlich der Orangerie anschließenden Götterallee nicht behauptet werden. Nur neun Statuen antiker Götter und allegorischer Figuren von ehemals 22 Sandsteinplastiken aus der zweiten Hälfte des 18. Jahrhunderts haben die Wirren der Zeit überstanden. Dafür thront seit einigen Jahren eine ganz große Figur zwischen Orangerie und Schlosskirche: Das bronzene Standbild des Großherzogs Georg (1779–1860) fand hier einen neuen Platz und begrüßt jetzt auch die Besucher der einzigartigen sommerlichen Schlossgartenfestspiele.

STECKBRIEF

Schlossgarten Neustrelitz
1732 beginnt der Architekt, Kunstgärtner und Baumeister Christoph Julius Löwe mit der Anlage des Schlossparks. Zwischen 1726 und 1731 hatte er bereits den Bau des Neustrelitzer Schlosses geleitet. Der Park wird nach 1820 mit Ausnahme der auf das Schloss ausgerichteten Hauptachse neu bepflanzt. Den Mittelpunkt bildet eine marmorne Ildefonso-Gruppe. Dahinter stößt man auf die 1854 gefertigte, drei Meter hohe Zinkgusskopie der römischen Siegesgöttin Victoria von Christian Daniel Rauch. Das Ende der Hauptachse bildet der 1840 von Friedrich Wilhelm Buttel errichtete Hebe-Tempel. Im Inneren befindet sich eine Kopie der berühmten Hebe-Statue (1796) von Antonio Canova.
Seit der Zerstörung des Schlosses durch Brandstiftung in der Nacht vom 29. auf den 30. April 1945 gilt die Orangerie als wichtigstes Gebäude des Parks. Sie stammt aus dem Jahre 1755 und dient ab 1842 zur Aufbewahrung der Antikensammlung des Großherzogs. Heute beherbergt sie ein Restaurant. Das Schloss selbst, das 1731 durch den großzügigen Umbau eines Jagdschlosses durch Christoph Julius Löwe entstand, kann heute auf einer in Originalgröße gefertigten Zeltkonstruktion betrachtet werden. Es ist bis 1918 Hauptresidenz des Herzogtums Mecklenburg-Strelitz und der Herzoglichen Familie. Danach tagt hier der Landtag des einstigen Freistaates.
Im westlichen Teil des Parks befindet sich der 1891 gebaute Luisentempel zum Gedenken an die im nahen Schloss Hohenzieritz gestorbene Königin Luise.
Service: Jeden Sonnabend werden Stadtführungen angeboten, während der Schlossgartenfestspiele auch freitags und sonntags. Zwischen Juni und September finden donnerstags abendliche Stadtrundgänge statt.
Touristinformation, Strelitzer Straße 1, 17235 Neustrelitz
Telefon 03981/25 31 19
www.neustrelitz.de
Anreise: Durch Neustrelitz führen die B 96 Berlin – Stralsund und die B 198, die zwischen der Autobahnausfahrt Röbel der A 19 Berlin – Rostock im Osten und der Ausfahrt Neubrandenburg auf der Ostseeautobahn A 20 im Westen verläuft. Beide Ausfahrten empfehlen sich für die Anfahrt. Die Deutsche Bahn bietet Direktverbindungen aus Rostock, Berlin und Stralsund.

Schloss Rattey

Ein gelungener Coup mit besonderem Wein

Noch ehe die weltweite Debatte über die Erwärmung durch den Klimawandel einsetzte, hatten der Schlossherr von Rattey und einige andere Enthusiasten schon längst einen mutigen Schritt gewagt: Sie bauten Wein an. Das war 1999, und die Entwicklung seitdem gleicht einem kleinen Wunder. Aus den anfangs an den Brohmer Bergen unterhalb des Schlosses gepflanzten 5000 Rebstöcken sind inzwischen 15.000 geworden. Der größte Coup gelang 2004, als der Bundesrat das »Stargarder Land« als nördlichstes Weinbaugebiet Deutschlands offiziell anerkannte. Seit diesem Zeitpunkt gedeiht der »Mecklenburger Tafelwein« auf einer 3,5 Hektar großen Fläche am Schloss Rattey und auf einem gerade mal 0,2 Hektar kleinen Zipfel an der Burg Stargard. Experimente mit Trauben laufen zwar selbst in noch nördlicher gelegenen Regionen bei Greifswald und Stralsund, aber dort fehlt die offizielle Ausweisung als Weingebiet.

In Rattey können die Gäste natürlich zwischen Rot- und Weißwein wählen. Die rund 500 Mitglieder des Vereins der Privatwinzer bauen die roten Sorten Portugieser, Regent und Spätburgunder sowie die weißen Trauben Müller-

Schloss Rattey

Die Parkseite des Hochzeits- und Weinschlosses

Thurgau, Ortega und Phönix an. Sie reifen in den Tanks im Keller.

Die Idee zum »Weinschloss Rattey« hatte Karsten Förster, einer der drei Eigentümer. Auf einem alten Stich aus dem 19. Jahrhundert entdeckte der Rechtsanwalt aus Bremen, dass sich schon damals die Besitzer am hauseigenen Wein erfreuten. Es begann eine umfangreiche Recherche, die schließlich zu überraschenden Ergebnissen führte. Wie aus einem im Schloss zum Verkauf angebotenen Büchlein von Förster und einem Chemie-Professor zu erfahren ist, wuchs schon vor 800 Jahren Wein in der Region. 1853 war mit dem gewerblichen Anbau jedoch Schluss. Vor allem das sich rasant entwickelnde Eisenbahnnetz ermöglichte eine schnelle und preiswerte Lieferung von Weinen aus Süddeutschland auch nach Vorpommern, wo sich die Mühen auf den sandigen Böden bald nicht mehr lohnten. Eine spätere Wiedergeburt des Mecklenburger Weines als gefragte Spezialität konnte damals niemand ahnen.

Karsten Förster fand Unterstützung für seine Pläne bei einem Gärtner, der sich als begeisterungsfähiger Autodidakt erwies. Und schon konnte das Weinexperiment von Rattey beginnen.

STECKBRIEF

Schloss Rattey
Das eigentliche Herrenhaus lässt sich Hans Christoph von Oertzen in der Zeit zwischen 1802 und 1806 erbauen. Er verzichtet an der Fassade des im klassizistischen Stil errichteten Gebäudes mit Knüppelwalmdach und dreiachsigem Mittelrisalit auf jegliche überflüssige Zierde.
Bis 1855 wird in der Umgebung des Schlosses Wein angebaut. Nach 1945 finden Flüchtlinge aus den ehemaligen Ostgebieten im Haus eine Unterkunft. Von 1996 bis 1998 erfolgt die aufwendige Sanierung. Das Schloss empfängt die ersten Hotelgäste. Ein Jahr später ist der Gewölbekeller fertig, wo die neuen Eigentümer die Weintanks unterbringen. Die ersten Rebstöcke werden 1999 gepflanzt. In der Umgebung des Schlosses befindet sich ein Park mit 700 Jahre alten Eichen, 400 Jahre alten Linden und seltenen Stieleichen, mit versteckten Quellen, Kunstobjekten, einem Teich und Wasserläufen.
Service: Schloss Rattey, Rattey 21, 17349 Rattey
Telefon 03968/25 50 10
www.schlossrattey.de
Anreise: Auf der Autobahn A 12 bis zur Ausfahrt Friedland, von dort weiter in Richtung Friedland bis zur Ortschaft Schönbeck. Hier zweigt die Straße nach Rattey ab.

Dank seiner Fähigkeiten als Winzer, Kellermeister, Touristenführer und Hofladenverkäufer gelang es Förster, ein zweites lohnendes Standbein zu schaffen. »Hochzeitsschlösser« gibt es schließlich viele in Mecklenburg-Vorpommern, ein Weinschloss aber ist einmalig.

Inzwischen feiert Rattey alljährlich sein zünftiges Weinfest mit der Wahl einer Weinkönigin. Sie trägt charmant die Kunde vom besonderen Mecklenburger Landwein aus Rattey und Stargard nach ganz Deutschland und muss stets viele Fragen nach dem Ort ihrer Krönung beantworten. Rattey und sein Schloss sind eben trotz des großen Hinweisschildes an der Autobahn A 20 noch immer Geheimtipps im besten Sinne des Wortes.

Ein stilvoller Ort für die Eheschließung

TOUR 10

ZWISCHEN BODDEN UND HAFF

Schloss Mellenthin

Entdeckung hinter den Kaiserbädern

Kommt in einem Gespräch die Rede auf die Insel Usedom, beginnt meistens die große Schwärmerei: »Badewanne der Berliner«, breite Sandstrände, Kaiserbäder, weiße Villen, Luxushotels, Seebrücken, kleine Häfen und romantische Zeltplätze. Nur ein über 400 Jahre altes Schloss spielt in den Erinnerungen an Urlaube oder Kurzausflüge kaum eine Rolle. Dabei ist das von einem Wassergraben umschlossene Bauwerk im Hinterland der mondänen Seebäder, unweit des Achterwassers, eine richtige Augenweide. Es lag nur sehr lange Zeit im Verborgenen, fast wie ein Dornröschenschloss. Erst vor einigen Jahren eröffneten im historischen Untergeschoss ein Restaurant und im Schlosshof ein Biergarten. Seit 2007 können nun auch Hotelgäste im Westflügel übernachten. Den Ostflügel nutzt eine Privatbrauerei.

Dass der regionale Tourismus erst vergleichsweise spät Interesse an der durchaus abwechslungsreichen Schlossgeschichte zeigte, kommt keineswegs überraschend. Nach der Wende konzentrierten sich Hotel- und Pensionsinvestoren auf den Küstenabschnitt, vor allem auf die Gegend zwischen Bansin und Ahlbeck. Das war schon 1817 so, als der Oberforstmeister Georg von Bülow den Wandel der kleinen Fischerdörfer zu stattlichen Sommerresidenzen wohlhabender Großstädter einleitete. Er stieg zum Entsetzen der Einheimischen zum Baden ins Meerwasser, fühlte sich wohl und lockte viele Nachahmer an. Während in Strandnähe bald

Im Kellergewölbe können Gäste speisen.

◄ Schloss Mellenthin

die ersten Zimmer vermietet wurden, veränderte sich im Hinterland und damit auch in dem rund 12 Kilometer von der Ostsee entfernten Mellenthin nicht viel. Hier bestimmten weiterhin die Land- und Forstwirtschaft sowie die Fischerei den Alltag.

Dieser Kontrast ist bis heute geblieben und macht den Reiz des Hinter- oder Achterwasserlandes aus. Hier beginnt gleich vor der Haustür eine stille und abwechslungsreiche Natur. Für einen Ausflug zu Fuß oder mit dem Rad bietet sich das Mellenthiner Schloss als idealer Ausgangspunkt an. Danach lässt es sich vortrefflich über die in jedem alten Schloss zu findenden Geschichten und Sagen plaudern.

Da soll sich doch tatsächlich irgendwo eine zugemauerte Tür befinden, die zu einem unterirdischen Gang bis zum nahen Kloster Pudagla führte. Unterschiedlichen Legenden zufolge diente er sowohl den Rittern als auch Mönchen und Nonnen für amouröse Abenteuer. So mancher Neugierige machte sich im Laufe der Jahrhunderte auf die Suche nach angeblich im Tunnel versteckten Schätzen. Eine in Ungnade gefallene Magd, so erzählte man sich einst, brachte sogar einen Diamanten nach ihrer Erkundung mit ans Tageslicht. Sie hatte sich jedoch über diesen Fund so sehr aufgeregt, dass sie wenig später unter furchtbarem Herzrasen starb.

Auch den Schlossherren selbst war das Glück nicht immer hold, musste

Der Renaissancekamin aus dem Jahr 1613

das Gut doch infolge von Misswirtschaften dreimal zwangsversteigert werden. Großzügige bauliche Veränderungen am Haus blieben wohl nicht zuletzt wegen der etwas versteckten Lage aus. Deshalb strahlt das geschichtsträchtige Haus heute längst nicht so glänzend weiß wie die meisten anderen Schlosshotels in Mecklenburg-Vorpommern. Dafür begann seine Geschichte bereits im 16. Jahrhundert.

STECKBRIEF

Schloss Mellenthin
Rüdiger von Neuenkirchen lässt das von einem Wassergraben umgebene Schloss 1575 erbauen. Baumeister ist vermutlich der Italiener Antonio Wilhelmi, der in jener Zeit auch der verantwortliche Architekt des Schlosses in Stettin ist. Gewisse stilistische Ähnlichkeiten zwischen beiden Bauwerken deuten darauf hin.
Nach dem Dreißigjährigen Krieg fällt die Insel Usedom zusammen mit ganz Vorpommern an die Schweden. 1747 ersteigert der preußische Kriegsrat und Oberamtmann von Verchen, Bleichert Peter von Meyenn, den Gutskomplex Mellenthin. 1817 folgt die nächste Versteigerung. Diesmal erhält Justizrat Wittchow von Brese Winuary aus Swinemünde den Zuschlag. 1928 teilt eine Siedlungsgesellschaft nach der dritten Zwangsversteigerung den Gutsbesitz weitgehend auf. Der letzte Pächter des Schlosses stirbt 1944. Gegen Ende des Zweiten Weltkriegs organisiert die deutsche Kriegsmarine vom Schloss aus den Rückzug aus den Ostgebieten. Ein in der Mellenthiner Heide untergebrachtes Munitionslager wird zum Ziel eines Bombardements.
Nach Kriegsende dient das Inventar als Tauschmittel gegen Lebensmittel oder Heizmaterial. Flüchtlinge erhalten hier eine Notunterkunft. In der Folge werden hier ein Getreidelager sowie ein Kindergarten untergebracht, außerdem die Gemeindeverwaltung und eine Gaststätte. Die Wohnungen im zweiten Obergeschoss werden weiterhin genutzt. 2001 kauft Familie Fidora das Schloss. Sie eröffnet zuerst ein Restaurant und 2007 ein Hotel im linken Seitenflügel. Schmuckstück im Innern ist ein Renaissancekamin aus der Entstehungszeit des Schlosses.
Service: Wasserschloss Mellenthin, Dorfstraße 25, 17429 Mellenthin
Telefon 038379/2 89 30
www.wasserschloss-mellenthin.de
Anreise: Auf der A 20 bis zur Ausfahrt Anklam, weiter auf der B 109 bis Anklam und von dort auf der B 110 in Richtung Ahlbeck bis zum Abzweig nach Mellenthin.

Schloss Stolpe

Schloss Stolpe

Tausendfache Ehre für die Schlossherrin

Nur selten hat sich eine Trauerfeier so tief in das Gedächtnis eines Dorfes eingeprägt, dass noch Generationen später davon erzählt wird. Das kleine Stolpe im Südosten der Insel Usedom ist eine dieser Ausnahmen. Hier bleibt eine Beerdigung aus dem Jahre 1957 unvergessen, weil sie der damaligen Partei- und Staatsführung so gar nicht passte. Schließlich wurde vor mehr als einem halben Jahrhundert mit Gräfin Freda von Schwerin die letzte Herrin auf dem hiesigen Schloss zu Grabe getragen. Sie war im Herbst 1945 im Zuge der in der Sowjetischen Besatzungszone durchgesetzten Bodenreform enteignet und in den Westen vertrieben worden. Die damals ohne Ansehen der Person durchgesetzte Parole »Junkerland in Bauernhand« ließ der Gräfin trotz ihres großen sozialen Engagements vor und während der Kriegszeit keine Chance. Sie musste Schloss Stolpe verlassen, auf dem sie ihre in den beiden Weltkriegen gefallenen Söhne betrauert hatte. Verarmt starb die einst angesehene Frau in einem Dorf bei Lüneburg.

Ihr letzter Wunsch, in heimatlicher Erde begraben zu werden, rief die neuen politischen Machthaber in und um Stolpe auf den Plan. Unter allen Umständen wollten sie eine Würdigung der Schlossdame und ihres »monarchistischen Wirkens« im Ort verhindern. Dann wäre womöglich die durchaus fürsorgliche Art der Gräfin erwähnt worden, ihre ablehnende Haltung gegenüber den Nationalsozialisten und das von ihr erlittene Unrecht – so die Befürchtung. Schließlich verdankte das Dorf vor allem ihr den Ausbau des einstigen schlichten Gutshauses zum repräsentativen Schloss.

Während der vielen Führungen, die der Schloss-Förderverein heute anbietet, erfahren die Besucher, dass die aus der Offiziersfamilie von Kleist stammende Freda von Schwerin anfangs keineswegs voller Begeisterung für das kleine Stolpe und das einfache Gutshaus gewesen ist. Sie wünschte sich auf dem alten Stammsitz der Familie ihres Mannes einen repräsentativen Bau, den sie zwischen dem Jahr der Eheschließung 1895 und 1910 auch erhielt. Das Schloss wuchs in die Breite und in die Höhe. Ein heute nicht mehr vorhandener Saal gehörte ebenso dazu wie mehrere Türme und ein großzügiger Laubengang an der Hauptfront. In Stolpe zog nun ein lebendiges gesellschaftliches Leben ein, gaben sich doch befreundete adlige Familien, Künstler und sogar ausländische Gäste hier ein Stelldichein.

Blick ins Treppenhaus

All diese Geschichten kamen anlässlich der bis heute unvergessenen Trauerfeier wieder auf, deren besondere Umstände im Nachhinein auch Schriftsteller und Filmemacher inspirierten. Die Funktionäre wollten einen Menschenauflauf unbedingt verhindern, ja sogar das Ereignis möglich geheim halten. Dennoch kamen rund 2.000 Trauergäste, die sich auch von einem durch einen Traktor versperrten Weg nicht abhielten ließen. Der Trauerzug erreichte zwar erst Stunden später die Grabstelle, aber das schweißte die Menschen nur noch enger zusammen.

Zu diesem Zeitpunkt wies das Schloss schon einige beträchtliche Schäden auf. Die zeitweilig hier untergebrachte sowjetische Militärkommandantur und die notdürftige Einquartierung von

Flüchtlingsfamilien aus dem Osten hinterließen ihre Spuren. 1949 verschwand sogar der komplette Mittelbau, um angeblich Baumaterialien zu gewinnen. Zur Wende und erst recht Mitte der 1990er Jahre war das Schloss nicht mehr als ein solches zu erkennen, nachdem es zuvor zeitweilig von einer Jugendgruppe genutzt worden war. Jetzt hat es die Gemeinde zusammen mit dem Förderverein fast schon wieder gerettet. Die Geschichten um die Gräfin von Schwerin erzählt man sich nun mit einem nostalgischen Augenzwinkern.

STECKBRIEF

Schloss Stolpe
Eine Linie der weit verzweigten Familie von Schwerin herrscht nachweislich zwischen 1321 und 1754 und von 1896 bis 1945 in Stolpe. Erste Hinweise über ein »vornehmes und massives« Herrenhaus stammen aus dem 16. und 17. Jahrhundert. 1895 beginnt mit der Heirat zwischen Friedrich von Schwerin, der das Anwesen als Geschenk von seinem Vater Bernhard Graf von Schwerin erhalten hatte, und Gräfin Freda von Kleist eine neue Phase für das Schloss. Das Ehepaar macht aus dem Guthaus ein stattliches Gebäude mit drei Türmen. Ab 1905 entwickelt sich eine weltoffene Atmosphäre im kleinen Dorf, übernachten doch zahlreiche ausländische Gäste im Schloss. Freda von Schwerin verliert 1918 und 1941 in den Weltkriegen ihre beiden Söhne, ihr Mann stirbt 1924. Sie führt das Gut weiter, lehnt die Nazis ab und wird doch im Herbst 1945 nach der Bodenreform von ihrem Land vertrieben. Sie stirbt 1957 bei Lüneburg. An ihrer Beerdigung in Stolpe beteiligen sich trotz Widerstands der staatlichen Behörden rund 2.000 Menschen. In das Schloss ziehen nach Kriegsende eine sowjetische Kommandantur, Flüchtlingsfamilien, die Gemeindeverwaltung und eine Gaststätte. Der Mittelteil wird 1949 abgerissen. Zwischen 1973 und 1993 mietet sich die Konsumgenossenschaft ein, die hier neben einer Gaststätte ein Kinderferienlager betreibt. 1974 fallen die drei Türme. Zwischen 1993 und 1995 nutzt eine Jugendkommune aus Berlin das Gebäude, das dabei schweren Schaden nimmt. 1995 beginnt die Gemeinde mit der Restaurierung. Es finden zahlreiche kulturelle Veranstaltungen statt.

Service: Gemeinde Stolpe im Amt Usedom-Süd, Markt 7, 17406 Usedom
Telefon 038372/75 00
www.amtusedom-sued.de
www.schloss-stolpe.de

Anreise: Von der B 110 Anklam – Ahlbeck zweigt hinter der Stadt Usedom die Landstraße nach Stolpe rechts ab. Dorthin führen auch gute Radwege von Bansin oder Ahlbeck.

Schloss Ueckermünde

Selbst ein Todgeweihter traute sich nicht in den Untergrund

Zu einem mittelalterlichen Schloss gehören unterirdische Gänge einfach dazu, gerade weil sich um ihre Existenz zumeist viele Legenden und Sagen ranken. Sie wecken das Interesse und regen immer wieder aufs Neue die Fantasie an.

In Ueckermünde am Stettiner Haff hielt sich die Ungewissheit über die Existenz solcher Wege sogar bis zum Jahr 1992. Die Einwohner hatten ihren Gästen und natürlich auch einander immer wieder neue Geschichten über angebliche Geheimgänge aus dem alten Schloss der pommerschen Herzöge erzählt. Diese führten – so die Legende – bis weit vor die Tore der Stadt, unter der Uecker hindurch und bis zum Rathaus. Doch nicht nur alte Chroniken, die von erfolgreichen Fluchtversuchen der Herzöge vor den Brandenburgischen Belagerern der Stadt berichteten, nährten die Gerüchteküche. Auch die bei Bauarbeiten entdeckten Gewölbe, zugemauerten Bögen und nachträglich eingebrachten dicken Mauern boten immer wieder den willkommenen Anlass für neue Spekulationen.

Die Sage von einem zum Tode verurteilten Straftäter fand sogar Eingang in

Ueckermünde

die stets fantasievoll erzählte Stadtgeschichte. Demnach sollte einst ein Missetäter einen unterirdischen Gang, der am Schloss begann, bis zu seinem Ende erkunden, um so seine Begnadigung zu erwirken. Hartnäckig hielten sich die Gerüchte von Gespenstern, Geistern und herumliegenden Knochen. Der Todgeweihte wollte seine letzte Chance nutzen und begab sich tatsächlich in den Untergrund. Doch schon nach kurzer Zeit kehrte er, wie die Legende vermeldet, völlig zermürbt und schockiert zurück. Er wolle lieber hingerichtet werden, als noch einmal die Schrecken dieses Weges erleben zu müssen. Danach wagte sich niemand mehr in den Ueckermünder Untergrund, sodass immer neue Fantasiegeschichten ins Kraut schossen.

Damit war dann sehr zum Leidwesen so mancher Tourismusstrategen 1992 Schluss. Mit allen nach der Wende zur Verfügung stehenden technischen Möglichkeiten wurden die Kellerwände auf mögliche Gänge abgetastet, durchleuchtet und abgeklopft. Das Ergebnis ließ keine Zweifel übrig: Es gibt keine vom Schloss ausgehenden unterirdischen Gänge. Alle Bögen im Mauerwerk, die auf einen Durchbruch deuten könnten, dienten einzig und allein der Stabilität des Schlossuntergrundes, fehlte dem Bau doch stets ein richtiges Fundament.

Natürlich diente die Analyse der jahrhundertealten Mauern nicht vorrangig der Suche nach unterirdischen Gängen. Im Vordergrund stand die Restaurierung des Gewölbekellers zum repräsentativen Saal für das Rathaus. Heute besitzt die Stadt ein wahres Schmuckstück, weist der Keller doch gleich mehrere Gewölbearten aus unterschiedlichen Zeiten auf.

Leider kann der Besucher meist keinen Blick in diesen Raum werfen. Der als Museum genutzte Turm und einige weitere Ausstellungsräume stehen je-

Im Schlossturm ist das Museum untergebracht.

doch jedermann offen. Die Ausstellungen zur Stadt- und Schlossgeschichte sowie zur Fischerei füllen die Räumlichkeiten, außerdem gibt es regelmäßig Sonderausstellungen. Aus den oberen Turmfenstern bieten sich schöne Blicke über die kleine Stadt am Haff, zur Uecker und über die flache Landschaft.

STECKBRIEF

Schloss Ueckermünde
Die Geschichte des Ueckermünder Schlosses reicht bis in das 12. Jahrhundert zurück. Überlieferungen besagen, dass Bogislaw I. und Casimir I. hier im Jahre 1178 einen Landtag abhielten. Die erste urkundliche Erwähnung stammt von 1284. Im Jahre 1295 gelangt das Anwesen in den Besitz von Pommern-Stettin. 1469 belagern Truppen aus Brandenburg das Schloss. Ein Mönch soll damals ein Geschütz so geschickt bedient haben, dass die Feinde in arge Bedrängnis kamen. Die Kugeln liegen im heutigen Haffmuseum, das im Schloss untergebracht ist.

1546 lässt Herzog Philipp I. anstelle der baufällig gewordenen mittelalterlichen Burganlage ein neues Schloss errichten. An ihn erinnert das Sandsteinrelief über dem Turmportal, bei dem es sich übrigens nur um eine Kopie handelt. Im Laufe des 17. Jahrhunderts fällt das Schloss an die Schweden und Preußen und wird stark beschädigt. 1730 ergeht der königliche Befehl zum Abriss der verbliebenen Teile. Die Stadt errichtet bis 1781 ein neues Schloss mit Anbauten, um hier das Rathaus sowie den Militär- und Justizfiskus unterzubringen. Nach einem Großbrand 1866 kommt ein massiver Anbau hinzu. 1908 brennt die Kuppel des Schlossturms nieder, die daraufhin durch einen um 2,70 Meter höheren Neubau ersetzt wird.

Um 1950 zieht das heutige Haffmuseum in den Schlossturm. 1986 wird in einem Anbau im Ostflügel das bisher im Turm untergebrachte Standesamt eröffnet. Nach der Wende erfolgt eine umfassende Sanierung. Im Kreuzgewölbesaal tagt 1992 erstmals wieder die Stadtverordnetenversammlung.

Service: Haffmuseum im Schloss, Am Rathaus 3, 17173 Ueckermünde.
Öffnungszeiten: Mai bis September dienstags bis freitags 9–12 Uhr und 13–16 Uhr (dienstags bis 17 Uhr, freitags nur bis 15 Uhr), sonnabends 13–16 Uhr, sonntags 10–12 und 13–16 Uhr. Von Oktober bis April nur dienstags bis freitags geöffnet.
Telefon 039771/2 84 42
www.ueckermuende.de

Anreise: Auf der B 109 (zwischen Autobahnausfahrt Pasewalk der A 20 und Anklam) bis zum Abzweig Ducherow und weiter auf der Landstraße bis Ueckermünde.

Michael Winteroll
Geschichte Preußens in Ausflügen
Historische Entdeckungstouren
144 Seiten
33 farbige Abbildungen
Klappenbroschur
ISBN 978-3-89479-725-6
€ 14,95

Zehn Kapitel vermitteln auf unterhaltsame Weise einen Überblick über die Geschichte Preußens und stellen bekannte und weniger bekannte historische Orte vor. Mehr als dreißig Ausflüge führen den Leser in die nähere und weitere Umgebung der Hauptstadt, über zwanzig Spaziergänge zu preußischen »Hotspots« in Berlin.

Dank

Ein besonderer Dank geht an Katrin Hackbarth aus Bad Kleinen, die bei der Recherche und bei der Erstellung mehrerer Kapitel wertvolle Unterstützung leistete.

Bildnachweis

Alle Luftaufnahmen: Dirk Laubner
Alle weiteren Aufnahmen: Claus-Dieter Steyer

Foto auf dem Umschlag: Schloss Schwerin, Dirk Laubner
Karte auf den Umschlaginnenseiten: DuMont Reisekartografie, Fürstenfeldbruck

Hinnerk Dreppenstedt,
Klaus Esche (Hg.)
Ganz Berlin
Spaziergänge durch die Hauptstadt
4. Auflage
512 Seiten
450 s/w-Abb., 56 Pläne
Klappenbroschur
ISBN 978-3-89479-390-6
€ 22,00

Der erfolgreiche Stadtführer für alle, die Berlin besser kennen lernen wollen. Die Autoren, alle ausgewiesene Kenner der Hauptstadt, laden die Leser zu Spaziergängen durch die Berliner Stadtbezirke ein. Auf diesen Touren werden die bedeutenden Sehenswürdigkeiten kompetent beschrieben und man erfährt Wissenswertes und Amüsantes über die architektonischen, touristischen und stadthistorischen Besonderheiten. Die Texte sind durch Fotos und Pläne aufgelockert. Mit Service-Teil, umfassendem Register und einem U- und S-Bahn-Plan.

- Der erfolgreiche Stadtführer für alle, die Berlin besser kennen lernen wollen
- Alle Bezirke – übersichtlich gegliedert, anschaulich beschrieben, gründlich recherchiert

Werner Radasewsky Borges da Silva (Text), Herbert Schlemmer (Fotografien)
Wasserstadt Berlin
Flüsse, Seen und Kanäle
144 Seiten
40 farbige Abbildungen
Klappenbroschur
ISBN 978-3-89479-718-8
€ 14,95

Mit angemessenem Tiefgang gibt dieses Buch dem Leser eine Gebrauchsanleitung an die Hand, mit der er sich die Stadt auf dem Wasser erschließen kann – ob als Eingesessener oder als Besucher.
So werden viele der mehreren Dutzend Inseln im Stadtgebiet beschrieben und verborgene Wasserwege erkundet. Dazu gibt es zahlreiche praktische Angaben zur Gastronomie am Wasser, zu Verkehrsverbindungen, zu Badestellen und Wassersport.